Notes on Directing

통쾌한 연출노트

130 가지 실천 지침

프랭크 하우저, 러셀 라이히 지음

김석만 옮김

연극과인간

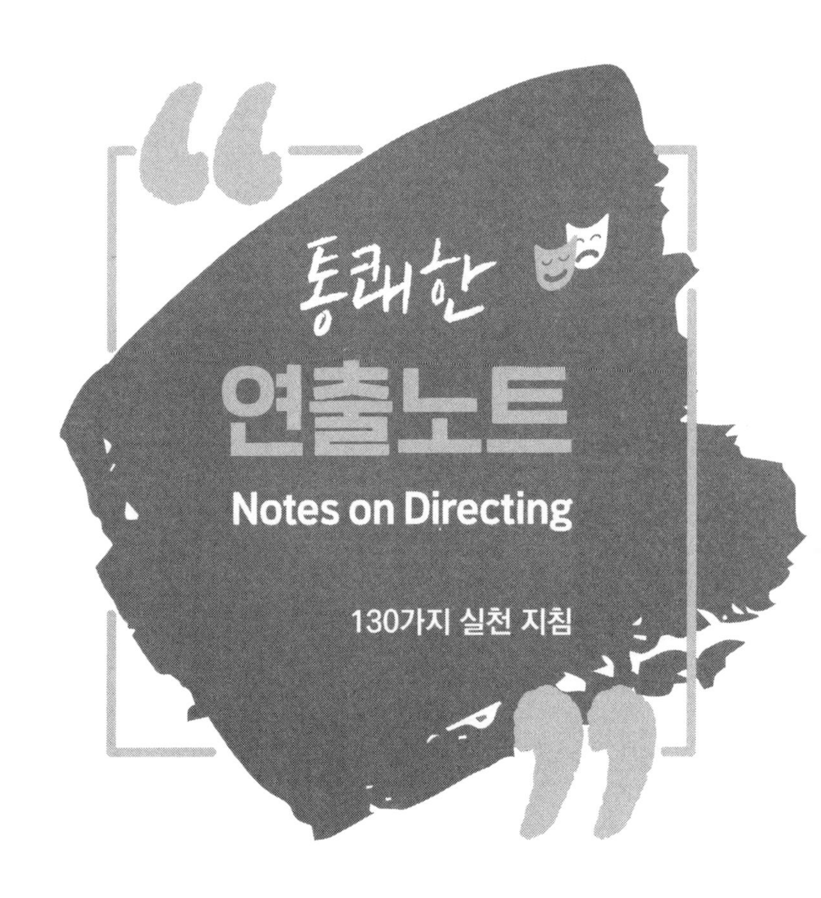

프랭크 하우저, 러셀 라이히 지음
김석만 옮김

연극과인간

목차

서문

인류는 동굴에 살던 우리 조상들이 부족 앞에서 사냥행위를 흉내 내던 그때부터 그렇게 오랜 시절부터 연극 행위를 해왔다. 그럼에도 연극이나 영화를 전공하는 이들은—특히 연출에 관심을 두고 있는 이들은 이 작업이 얼마나 힘들고, 얼마나 오랜 시간이 걸리며, 문제가 생겼을 때 무엇을 살펴야 하는지를 아는 장인이 제공할 수 있는 안내가 무엇이며, 언제 개입해야 하는지, 어떻게 흔한 실수를 피하는지를 제대로 알고 있지 못하는 듯하다.

젊은 연출가로서 공부하고 도제수련을 받는 동안 나는 그러한 기본적인 원칙들과 확고한 조언에 목말라했다. 아리스토텔레스와 스타니슬랍스키는 이미 그들의 역할을 충실히 다하였다. 그러니 현재의 기준을 세워줄 자가 당대에 누구일지 늘 궁금해 하였다. 누가 내게 배우의 성향과 태도에 대해 믿을만한 조언을 말해 줄 것이며, 일반적인 관객의 반응은 무엇이며, 연습과정에서 늘 일어나는 어려운 문제들과 공연의 위기에 효과적인 대처방법은 무엇인지를 가르쳐 줄 것인가? 쉽게 말해서 과연 누가 이러한 법칙들을 알고 있단 말인가?

그때 프랑크 하우저 선생님을 만났다.

때는 1980년대 후반이었다. 나는 대학을 졸업한 후, 월 스트

리트의 은행에서 적성에 맞지 않는 일자리를 때려치운 후, 연출 경력을 쌓으려고 런던으로 향했다.

거기에 프랭크 선생님이 계셨다. 내 스승님 가운데 한 분이나 장난스런 말재간과 부드러운 야유를 즐기는 재치있는 유머에 쇳소리가 나는 목소리를 지닌 허수아비 같은 분이셨다. 허름한 옷차림과 허물없는 태도는 자신의 눈부신 업적을 속이는 듯싶었다. 오십 여 년 활동하는 동안 선생님은 옥스퍼드 대학교에서 전문극단을 운영하셨고, 런던과 뉴욕에서 수많은 작품을 연출하셨으며, 영국 연극계의 기라성같은 배우들, 알렉 기네스[1][이하 역자 주(註)], 리차드 버튼[2], 주디 덴치[3], 이안 맥켈런[4]을 가르치고, 그들이 주연한 공연을 연출하셨다.

내가 선생님을 만났을 때 그분은 경력의 마지막 시절을 보내고 계셨는데 웨스트 엔드[5]에서 세 작품이 동시에 공연되고 있었다. 런던에서 공부를 마쳤을 때 선생님은 나를 영국 남쪽 작은 마을 치체스터[6]에서 열리는 축제극장으로 오라고 하여 나는 거기서 그분이 연출하는 로버트 볼트의 〈사계절의 사나이, A Man for All Seasons〉 공연에 조연출로 참가하게 되었다.

어느 날 연습을 시작하기 전에 깜짝 놀라운 일이 벌어졌다. 선생님은 나에게 타이프라이터로 인쇄된 열두 쪽짜리 문서를 하나 건네주었다. 〈통쾌한 연출노트〉가 처음으로 공식적으로 세상에 빛을 보는 순간이었다.

"이거 도움이 될지 몰라." 선생님은 말씀하셨다.

그 노트는 그분이 독보적인 경력을 쌓는 동안 갈고 닦고,

현장에서 벼린 위대한 지혜의 총체적 선물이었다. 그 노트는 그동안 선생님의 친구들과 학생들에게 비공식적으로 소개되었는데 여기에는 선생님이 배우들에게 말을 하고, 장면을 분석하고, 연습을 자신있고 효과적으로 이끄는 방법들이 담겨 있었다. 한 마디로 선생님이 스토리에 생명을 불어넣는 방법이었다.

프랭크 선생님의 연출법은 그 노트에 적혀 있는 내용이 나타내는 원칙을 꼭 따르고 있지 않는 듯 보이기도 한다. 하지만 그 노트에는 그분의 억양이나 효과적인 지침, 신속하고 거의 수술칼로 환부를 도려내는 듯한 예리한 개입, 배우들에게 주는 집중적이면서도 너무 단순해서 놓치기 쉬운 안내가 담겨 있었다. 마치 그분을 외모로만 보고 제대로 평가하지 못하는 경우와 흡사하다고 할까.

연출가로서 프랭크 선생님은 꼭 필요하다면 정교하게 연출을 하지만 마지못해서 그러는 것처럼 보인다. 선생님은 연습 중간에 잠시 멈추고 배우나 학생들에게 그 사이를 채우도록 기회를 주는데 이는 대화에 적극적으로 참가하는 입장에서 그 공백에 일종의 책임을 지우는 것이었다. 다른 말로 표현하면 상대에게 어떤 역할을 부여하는 것이다. 제안은 그분이 했지만, 심사숙고와 실행은 상대의 몫이었다. 얼마의 시간이 흐른 뒤에야 선생님이 가능한 적게 말하고 적게 행동하면서도 얼마나 많은 것들을 성취하는지 깨닫게 된다. 그야말로 노련한 연출가나 교사의 특징이 아닌가.

그분의 노트의 모든 것은 이 책 안에 담겨 있다. 그 노트에다 내가 선생님께 배우며 그리고 연습장에서 관찰한 내용을 보완하고, 나 스스로 다른 이들을 가르치면서 얻은 경험을 보태서 보충하였다.

우리는 이 책에 확신에 찬 교사의 목소리를 집어넣기로 했다. 아마, "이렇게 하자", "그건 하지 마", "항상", "절대 안 돼" 같은 목소리일 것이다. 선생님과 나는 억제하여 참고 기다려야 하는 부담을 주는 방법보다 더 낫다고 판단하여 보다 부드럽고, 상대가 선택할 수 있는 것들을 떠올릴 수 있는 제안적인 접근을 취하기로 했다.

물론 여기에 적혀있는 우리 나름의 독단적인 제안에 문제를 제기하거나, 다툴 수 있고, 따지거나 심지어 싫어할 수도 있다. 적어도 우리의 희망은 독자들께서 우리의 제안을 무시하더라고 그만한 시간을 보내달라는 것이다.

러셀 라이히

제1장
희곡 이해하기

1. 희곡을 읽는다.
2. 휴식을 취한 후에 다시 읽는다.
3. 디자이너를 떠올릴 때 공연에 제일 적합한 인물을 택한다.
4. 너무 일찍 디자인을 확정짓지 말자.
5. 마치 배역을 받은 것처럼 등장인물의 대사를 처음부터 끝까지 읽어라.
6. 너무 많이 공부하지 말자.
7. 특별히 좋아하지 않는 희곡이라도 사랑하는 법을 배우자.
8. 이야기의 가장 두드러진 질문을 파악하자.
9. 등장인물은 고통을 당하거나 아니면 해결한다는 사실을 인식하자.
10. 등장인물은 그가 저지른 행동의 결과임을 인정하자.
11. 희곡은 특수한 상황에 처한 사람을 묘사한다는 사실을 이해하자.
12. 싸우는 과정이 결과보다 더 중요함을 인식하자.
13. 결말은 시작에 담겨 있다.
14. 가능한 적은 단어로 작품의 핵심을 표현해보자.

희곡을 읽는다.

먼저 희곡을 읽어라.

아니면 희곡작가로부터 희곡의 내용을 들어보라.

스마트 폰의 전원을 끄고, 방문객도 받지 말고,

처음부터 끝까지 단번에 희곡을 읽어라.

다 읽고 나서는 간단한 의견이나 메모를 달아둔다.

"시작은 지루했음."

"의지에 대해서 얻은 게 없음."

"마지막은 제법 뭉클함." 등등….

휴식을 취한 후에 다시 읽는다.

이번에는 이리저리 머리를 굴려본다.

공연도 떠올려보고, 어떤 배우들이 필요한지 생각해본다.

처음에 들었던 문제들을 어떻게 해결할지에 관계없이 마음껏 상상해본다.

디자이너를 떠올릴 때 공연에 제일 적합한 인물을 택한다.

안톤 체홉의 〈세자매〉를 프랑스시스 베이컨[7]이 디자인한다면 흥미롭긴 하겠지만, 배우나 관객들에게 아무 도움도 되지 않을 것이다.

너무 일찍 디자인을 확정짓지 말자.

언제나 제작소로부터 독촉을 받겠지만, 미룰 수 있다면 결정의 순간을 최대한 뒤로 미뤄라. 작품을 더 잘 파악하면 생각은 분명히 바뀌게 마련이기 때문이다.

마치 배역을 받은 것처럼 등장인물의 대사를 처음부터 끝까지 읽어라.

등장인물이 나오지 않은 장면은 건너뛰면서 등장하는 장면의 대사에만 집중해라. 이 방법은 등장인물의 생각을 분명하게 해주며 캐스팅을 할 때 도움을 준다.

6 너무 많이 공부하지 말자.

"나는 텍스트를 속속들이 알고 있어"라고 연출가들은 자랑스럽게 말하지만, 오히려 이런 자랑이 연출가의 상상력을 제한할 수 있다. 대사를 외우는 일은 배우의 일이지 연출가의 몫이 아니다. 사전 지식 없이 장면을 떠올려볼 때, 연출가는 보다 자유롭게 상상할 수 있다.

7 특별히 좋아하지 않는 희곡이라도 사랑하는 법을 배우자.

별로라고 생각하는 희곡을 연출해달라는 요청을 받는 경우가 생긴다. 때로는, 여러 가지 이유 때문에 마음에 들지 않는 희곡을 선택하기도 한다. 그런 경우에 희곡이 안고 있는 문제를 해결하려고 애쓰기보다 희곡의 장점에 집중하고 부각시키는 편이 낫다.

이야기의 가장 두드러진 질문을 파악하자.

모든 좋은 희곡은 기본적으로 "과연 주인공이 주어진 과제를 해낼 것인가, 해내지 못할 것인가?"라는 본질적인 질문[8]을 갖고 있다. 그 질문은 관객이 주요 배역들에게 지속적으로 관심을 갖게 만들어 줄 것이며 모든 행동은 그 질문을 중심으로 발생한다. 셰익스피어의 〈햄릿〉을 떠올려보자.

"과연 햄릿이 아버지 살해에 대한 복수를 할 것인가?"

입센의 〈인형의 집〉에서는, "과연 노라가 토르발트에게 계속해서 비밀을 지킬 수 있을 것인가?"라는 질문을 찾을 수 있다.

연출가라면, 진행되는 행동 안에서 희곡 작가가 관객의 관심을 무엇으로 유지하는지를 파악해야 한다.

등장인물은 고통을 당하거나 아니면 해결한다는 사실을 인식하자.

어떤 대본에서도 찾아내어야 할 타당한 질문은 다음과 같다. "등장인물은 어떻게 고통을 당하고 있는가, 그러한 고통을 해결하기 위해서 무엇을 하고 있는가?"

등장인물은 그가 저지른 행동[9]의 결과임을 인정하자.

아리스토텔레스가 가르쳐준 바에 따라 우리는 다른 사람을 그들이 한 일로 알게 된다. 남들이 그에 대해 말한 것이나 그가 자기 자신에 대하여 말한 것은 진실일 수도 있고 아닐 수도 있다.

희곡은 특수한 상황에 처한 사람을 묘사한다는 사실을 이해하자.

무대 위에서 일어나는 일은 일상이 아니라 일상보다 더한 것이다. 그것은 보다 극단적이고, 단정적이며, 삶을 변화시킨다.

이러한 특별한 상황의 원천은 무엇인가? 아서 밀러[10]는 "희곡의 구조는 새들이 쉬기 위해서 어떻게 집으로 돌아오는가에 대한 이야기와 같다"고 말했다.

그것은 등장인물이 이전에 했던 일의 결과로 인해서 휴식을 취하러 희곡의 현재로 돌아온다는 걸 의미한다. 과거로부터 비롯된 행동은 이야기 전체에 스며들어 있다. 그것은 등장인물의 평범한 상황이나 가치관을 위협하고 무엇인가 선택하지 않으면 안 되도록 강요한다.

에드워드 올비[11]는 "희곡에서 무엇이 일어나고 있는지 알고 있는가, (주인공이) 궁지에 빠지는 일이 일어난다."고 말했다.

싸우는 과정이 결과보다 더 중요함을 인식하자.

등장인물이 성취하려는 일이 완성되었는지 않았는지는 중요한 일이 아니다. 중요한 것은 등장인물의 의도가 뚜렷해야 한다는 것이다. 등장인물이 투쟁해내는 것, 장애물을 만나는 것, 목적을 달성하기까지 순간순간에 선택하는 것이 명확해야 한다는 것이다. 분명하고 설득력 있는 환경 속에서 내리는 등장인물의 선택은 등장인물을 흥미 있게 만들어 주어야 한다. 등장인물은 상황을 바꾸거나 아니면 상황에 의하여 변하기도 한다.

관객은 등장인물의 여정을 목격하면서 그들과 함께 대리적인 삶을 살게 된다. "나도 그렇게 생각해," "뭘 바라고 저러지?" "정말 해볼 만한 흥미 있는 일이 일어난 거네. 난 그런 재치 있는 발상은 한 번도 해본 적이 없어."

연극이 막바지에 다다르면 충격적인 놀라운 장면이나 주인공에게 기적이 일어나기를 바라는 것과 마찬가지로 관객은 주인공에게 무엇이 일어나는가보다는 주인공이 어떻게 행동하는가에 더 관심을 갖는다. 여행의 정서적 과정이 행선지보다 더 중요한 셈이다.

13 결말은 시작에 담겨 있다.

좋은 작품들에서는 결말은 피할 수 없는 것이고, 시작하는 순간과 중요한 순간의 사이에 내재되어 있다. 관객의 관점에서 보면 이것은 희곡의 사건이 모두 해결되고 나서 되돌아보았을 때 알아차리고 이해할 수 있게 된다. 첫 순간에서부터 최종 해결이나 폭발에 기여하는 마지막 순간까지 관객이 보게 되는 모든 요소는 꼭 필요한 것이어야 한다.

연출가라면 작품의 우아함 ― 불필요하게 넘쳐나는 게 없는 아름다움 ― 에 목표를 두어야 한다. ☑ 96항 참조

전체를 통합하는 자질은 말로 설명하기는 쉬워도 만들어내기는 어렵다. 그럼에도 불구하고 연출가로서 희곡에 담긴 모든 요소들이 기여하게 되는 통일성 있는 구조를 파악하는 것은 결정적으로 중요한 일이다.

가능한 적은 단어로 작품의 핵심을 표현해보자.

열두 단어 정도를 사용하면 희곡을 설명하는 데 충분할 것이다. 전체 작업이 가야 할 방향을 이렇게 표현하는 것이다. 예를 들면,

A. 배우와 디자인이 관객에게 주어야 할 첫 인상은 무엇이어야 하는가?
B. 공연이 끝난 후에 마지막 인상은 무엇이어야 하는가?
C. A에서 B까지 이루기 위해서 무엇을 할 것인가?

제2장
연출가의 역할

15. 연출가는 산파의 역할을 한다.
16. 연출가는 이야기를 해 주는데…,
17. 요소들을 모두 연결 짓지 마라.
18. 관객을 끊임없이 생각하게 만들어라.
19. 모든 관객을 만족시키려고 하지 마라.
20. 모든 것을 가질 수는 없다.
21. 모든 답을 가지려고 기대하지 마라.
22. 배우는 게으르거나 무식한 연출가를 좋아하지 않는다.
23. 모든 사람이 긴장 상태의 공포에 시달리고 있다고 가정하라.
24. 느긋해져라.
25. 희곡작가의 대사를 바꾸지 마라.
26. 연출가는 하루 종일 연기한다.
27. 당신에 관한 것이 아니다.
28. 연출가에 대한 최고의 찬사는 "당신은 처음부터 원하는 게 무엇인지 알고 있는 것 같았습니다."이다.

15 연출가는 산파의 역할을 한다.

연출가는 우리가 희곡이라고 부르는 아이의 부모가 아니다. 연출가는 의사나 산파처럼, 임상적인 이유로 작품의 탄생을 지켜본다. 연출가의 작업은 대부분 일이 제대로 돌아가게 만드는 데 있다.

그럼에도 불구하고 무엇인가 잘못 돌아가고 있다면, 뭔가 이상하다는 인식이 든다면 그것을 고치기 위해서 임상적으로 개입함으로써, 그 아이가 잘 자랄지, 고통을 겪을 것인지, 살지 죽을지를 판단할 수 있다.

16 연출가는 이야기를 해 주는데…,

… 믿음직스럽고 흥미를 끌 수 있어야 한다. 왠지 이야기가 흘러가지 않는다 싶으면 미심쩍은 것에 대해서 조심스럽게 점검을 해 봐야 한다.

때로는 구성이 약한 희곡도 잘 꾸며서 그럴듯한 공연으로 만들어낼 수도 있다. 하지만 우리는 잘 써진 희곡을 다룰 것이다. 관객은 레이저 쇼에 감탄하기 위해서가 아니라, "옛날 옛적에…"로 시작하는 마법 같은 말을 믿기에, 그런 마법에 반응하고 싶어서 극장에 오는 것이다.

요소들을 모두 연결 짓지 마라.

무대에게 일어나고 있는 사건의 사이를 관객이 상상으로 채울 수 있는 역할을 남겨두어라. 이는 관객에게 필요한 것은 모두 제공하되 모든 것을 다 연결 짓지는 말라는 얘기다.

예를 들어 뮤지컬 〈라이언 킹〉[12]을 디자인한 줄리 테이머[13]는 관객에게 배우의 얼굴을 볼지, 배우가 조종하고 있는 인형의 얼굴을 볼지에 대한 선택권을 주었다. 이것은 관객이 배우들과 함께 순간순간 환영을 상상으로 풍성하게 창조하게 함으로써 배우가 동물 탈과 의상을 뒤집어쓴 것보다 훨씬 예술적으로 보이게 하였다. 이는 모든 요소들을 모두 연결 짓지 않는 좋은 예가 될 것이다.

18 관객을 끊임없이 생각하게 만들어라.

그러나 나중에 중요하게 될 작은 힌트들을 관객에게 미리 인식시켜야 함을 명심하라. 로미오가 폭력에 휘말릴 수 있을 성향을 지니고 있거나 성 요한나[14]도 해일 같은 반대에 맞설 수 있는 고집불통의 성격의 소유자임을 미리 암시해 주라는 말이다.

너무 분명한 것은 피해야 하지만 속이면 안 된다. 만일 잘못된 정보를 주게 되면 클라이맥스가 왔을 때, 관객들은 "전혀 예상치 못했는데…?", 하지만 "이야기를 끌고 가는 방식에 믿음이 가지 않네…!" 할지 모른다.

모든 관객을 만족시키려고 하지 마라.

빌 코스비[15]는 "나는 성공을 위한 법칙은 몰라도, 실패를 위한 법칙은 안다. 그것은 모두를 만족시키려고 하는 것이다."라고 말했다.

연출가는 공연을 잘 만들고 싶은 책임감과 지위 때문에 어쩔 수 없이 다수가 반대하는 결정을 내릴 때가 있다. 불평을 받아들여라. 반대에 직면했을 때 당당하고 차분하게 대하라. 그리고 평범한 대화 속에는 적절한 양의 불평이 포함되어 있음을 깨달아라.

20 모든 것을 가질 수는 없다.

헤럴드 클러만[16]은 머릿속에 떠오른 것 가운데 60퍼센트 정도를 무대에서 실현해낸다면 정말 잘한 것이라고 말했다.

부족한 면을 다 채울 방법은 없을지 몰라도 기대해볼 수는 있을 것이다. 연출가라고 해서 모든 것을 장악할 수는 없다.

21 모든 답을 가지려고 기대하지 마라.

연출가는 리더이긴 하지만 혼자가 아니다. 다른 예술가들도 마찬가지로 공연에 기여하기 위해 함께 있는 것이다. 그들과 함께 일하라.

엘리야 카잔[17]이 던진 연출에 대한 간결한 충고 한마디. "연출을 시작하기 전에 나한테 어떤 재능이 있는지 파악하라."

22 배우는 게으르거나 무식한 연출가를 좋아하지 않는다.

연출가는 모든 단어의 의미와 (발음까지도), 모든 주석, 모든 외국어 표현도 분명하게 알고 있어야 한다.

23 모든 사람이 긴장 상태의 공포에 시달리고 있다고 가정하라.

이것은 배우들과 다른 예술가들이 연출가에게 기대하는 끝없는 인내심과 자비심이라는 불가능한 기대를 이해하는 데 도움을 줄 것이다.

느긋해져라.

무언가 잘못됐다고 아무도 죽지 않는다. 수백만 달러를 당장 잃는 것도 아니다. (그런 기회를 가지려면 운이 무지 좋아야 한다.) 재미없는 연습, 망친 공연, 욕이 나오는 비평 때문에 아이들이 굶어죽지도 않는다. 열정을 갖고, 확신을 갖되 스스로를 심각하게 몰아세우지 말아야 할 때를 알아야 한다.

누군가의 호의를 필요로 하거나, 누군가에게 베풀 수 있는 책임이나 영역을 넘어서는 요구를 해야 할 때도 있을 것이다. 열정을 좀 식히고, "나는 당신이 지금 당장 해낼 수 있는 일이 아니라고 해도 전적으로 이해할 것이다."라는 말을 덧붙이면 효율성을 높일 것이다.

25 희곡작가의 대사를 바꾸지 마라.

연출가 로이드 리쳐드[18]는 어떤 연출가에게 희곡작가의 대본을 바꾸고 싶어 근질거리는 자신을 보게 된다면, 연출 작업을 포기하고 극작가가 되는 길을 고려해보라는 충고를 남겼다.

26 연출가는 하루 종일 연기한다.

일반적으로, 가장 중요한 충고다.

연출가로서, 당신은 배우들에게 무언가를 설명하고 그들이 무엇을 해야 하는지 얘기해주려고 그 자리에 있는 것이다. (비록 배우들에게 그들이 하고 싶은 것은 무엇이든 맘대로 해보라고 말하는 것일지라도.) 항상 명확하게 말하고 간략하게 말하라. 연출가의 가장 크고 제일 나쁜 버릇을 경계하라. 즉 누군가를 저주하고, 같은 것을 계속 반복해서 지적하고, 자신이 겪은 독특한 (또는 한없이 반복하는) 일화를 꺼내면서 웃어대는 일 등등. 모두 시간 낭비다.

경계해야 될 두 번째 나쁜 버릇은 말 중간에 바보처럼, "잘 알겠지만…," "내 말은 말이야…," "이런 식의…," "저런 종류의…," "어…, 음…. 에…,"를 붙이는 것이다. 이것은 일상적인 대화에서도 나쁜 습관이다. 이런 말버릇이 하루 세 시간의 연습 시간 동안 지시를 주는 사람의 입에서 나올 때는 더욱 그러하다. 그런 말을 지속적으로 듣는 사람들에게는 살인도 정당화될 수 있을 것이다.

27 당신에 관한 것이 아니다.

물론, 연출 작업에 보상받을 만한 요소가 없는 것은 아니다. 하지만 목에 힘주는 것이 내재되어 있지 않으므로 그것을 찾을 필요는 없다. 대신에 다른 사람, 특히 극작가, 배우, 관객에게 헌신하는 것으로 작품에 헌신하라. 스스로에게 물어라. "나는 이 작품에 무엇을 바쳐야 하는가?", "나는 무슨 권리로 관객들이 시간과 돈을 쓰게 만드는가?", "나는 관객들이 투자할 만한 것에 투자했다고 믿을 수 있게끔 무엇을 제공하는가?"

28 연출가에 대한 최고의 찬사는 "당신은 처음부터 원하는 게 무엇인지 알고 있는 것 같았습니다."이다.

배우들과 다른 이들은 설사 연출성과에 동의하지 않더라도 연출가를 따를 것이다. 그러나 연출가가 그들을 이끌어가는 일에 두려워한다면 연출가를 따르지 않을 것이다. 명확하고 자신감 있는 태도와 강한 연출 지시는 모든 이들을 몹시 안심시켜줄 것이다.

제3장
캐스팅

29. 연출에서 캐스팅은 거의 전부다.
30. 좋은 배역이 스스로 걸어 들어오길 기대하지 마라.
31. 배우들을 편하게 대하되, 친하게 지내지 마라.
32. 오디션 보는 사람과 함께 연기하지 말 것.

29 연출에서 캐스팅은 거의 전부다.

누군가는 캐스팅이 연출의 60퍼센트를 차지한다고 말하고, 어떤 이는 90퍼센트라고 말한다. 어쨌든 캐스팅은 중요하다. 공연 제작 기간 동안에 역할을 결정하는 것보다 중요한 단 하나의 결정은 없다. (무대장치, 의상, 조명, 음향의 디자이너들을 선택하는 결정도 여기에 해당된다. 물론 캐스팅의 일종이다.)

연출가 로널드 아이어[19]는 연출가가 어떤 배우에게 역할을 맡겼다면 연출가는 그 배우의 인생 전체에 개입해 들어가는 거라고 말한 적이 있다. 결혼과 마찬가지로 배우자의 독특한 별자리가 담은 장단점의 운세까지 끌어안고 가야 하는 책임을 떠맡은 것과 같다. 어떤 문은 열려 있을 것이고, 다른 문은 굳게 닫혀 있을 것이며, 또 다른 문은 살짝만 톡하고 건드려도 열릴 것이다.

할 수 있는 만큼 스스로 얻을 수 있는 것을 얻는 법을 배워라. 오디션에 더해서 배우에 대해 다른 이들에게 물어보라. 예의 바른가, 전문적인가, 민감한가? 그 배우에게 말을 걸어보라. 이력서를 꼼꼼히 살펴보라. 이전에 지금의 역할과 비슷한 역할을 한 적이 있는지, 역할의 크기는, 스타일은, 수준은…? 답을 찾을 때까지 시간에 공을 들여야 한다. 물론 연출가는 때때로 감쪽같이 속을 수 있다. 하지만 그렇다고 해서 성실함을 소홀히 할 이유는 되지 못한다.

좋은 배역이 스스로 걸어 들어오길 기대하지 마라.

만약 그런 사람이 있다면 캐스팅하기 전에 망설여야 한다. 오디션은 완벽했으나 공연은 엉망인 경우가 너무나 흔하다.

왜 그럴까? 오디션 장에서 만나는 배우는 잘 훈련되고 전문적인 배우와 완전히 다르기 때문이다. 정말 프로페셔널이라면 역할에 녹아들어갈 것이고, 대본을 분석하고, 파악한 것을 발전시키고, 문제점을 예측하고 다룰 수 있으며, 필요한 환영을 창조해내고, 다른 역할과 관객과 관계를 발전시킬 수 있을 것이다. 이는 불과 몇 페이지짜리 대본을 읽은 경험으로 얻어질 수 없다. 짧게 말해서 프로페셔널은 무엇을 해야 하는지 안다. 배우의 전문성은 연출가에게 다른 배우들을 무시하는 대가를 치르면서 어느 한 배우의 연기만을 돌봐주어야 하는 귀찮은 일로부터 해방시켜준다. 이러한 접근은 배우들 사이에 반감을 일으키기도 한다.

작업 과정의 초반 단계에서 드러나야 하는 중요한 차이점은 "저 배우가 역할에 적합한가?"가 아니라 "저 배우가 과연 연기를 해낼 수 있는가?"이다.

이것은 외적인 요소를 무시하라는 말이 아니다. 대본의 모든 것은 관객에게 말해야 하는 것이고, 배우는 대본이 요구하는 기초적인 사항을 지켜야만 한다. 키가 큰 역할은 키가 큰 배우가 맡아야 하고, 천진난만한 소녀 역은 어린 여배우가 맡아야 한다. 하지만 후보자 두 명이 경쟁을 벌이고 있다면, 배우의 외모나 기질보다 노련함과 경험에 가치를 두어야 한다. 숙련된 프로페셔널이 제공할 수 있는 노련한 솜씨를 존경하라.

배우들을 편하게 대하되, 친하게 지내지 마라.

오디션을 볼 때 배우는 누군가 자신을 보고 있고, 대사를 듣고 있으며, 평가하고 판단한다는 것을 알고 있다. 배우의 삶과 자아 이미지는 미묘한 경계의 순간에 놓여 있다. 오디션을 보는 배우에게 연출가가 건네는 말과 행동은 엄청난 정서적 영향을 미친다. 연출가는 배우에게 자신이 하고 있는 일을 잘 알고 있다는 믿음을 줌으로써 그를 편안하게 만들어주어야 한다.

격의는 없지만 예의바르게 행동하라. 대화를 나누어라. 능률적이 되어라. ☑ 26항과 70항 참조

오디션 상황에서 배우가 최고의 연기를 보여줄 것이라고 기대할 수는 없다. 아직 초기 단계이고, 스트레스가 심한 상황이다. 배우를 최대한 편안하게 해주고 최고의 노력을 쏟고 있다는 확신을 주어야 한다. 용기를 북돋아주되, 일반적으로 사용하는 칭찬의 말을 계속하라. "좋습니다. 잘 읽었어요." 연출가의 칭찬이 배역을 약속하는 것으로 오해하지 않도록 하

자. 무례해서는 절대로 안 된다. 어떤 약속도 금물이다. 배우가 오디션 장에 있는 동안에 최종 결정을 내리지 않는다. 지금의 그 배우가 아무리 오디션을 잘 봤다고 해도 다음 차례의 배우가 아무도 상상하지 못한 가능성을 보여줄 수도 있는 것이기 때문이다.

배우들에게 감사하라. 배우들이 알고 싶다면, 언제 어떻게 결과를 알게 될지 알려주어라.

오디션 보는 사람과 함께 연기하지 말 것.

오디션 장에서 연출가의 역할은 관찰하고 평가하는 일이다. 배우가 누군가와 함께 대본을 읽어야 한다면 연출가가 아닌 다른 누군가에게 그 일을 하게 하라. 벽에다 대고 대사를 던지게 하거나, 빈 의자에 앉아 있는 상상의 대상에게 말하게 하거나, 또는 조연출 아니면 이런 목적으로 데려온 대역 배우에게 그 일을 맡겨라.

제4장
첫 독회 연습

33. 첫 연습을 장황한 멋진 연설로 시작하지 마라.
34. 첫 독회부터 배우들이 중얼거리며 읽지 않게 하라.
35. 독회가 끝나면 대화로 마무리하라. (반응을 말해 주어라.)
36. 기본적인 질문을 물어라.
37. 장면 안에 흐르는 파장을 표시하라.

첫 연습을 장황한 멋진 연설로 시작하지 마라.

배우들은 좋아할지 모른다. 아마 집중해서 웃거나 얼굴을 찡그릴 것이다. 그러나 내용을 받아들이기에는 예민한 반응을 보일 것이다. 그러니 실천적인 주제로 말을 시작하라. 연습계획이라든가 공연시간 같은 것 말이다. 연출가로서 희곡을 어떻게 보았는지 말하고 싶은 게 있을지라도 나중에 배우들에게 디자인을 보여주면 연출가의 생각은 보다 효과적으로 전달될 것이다.

첫 독회부터 배우들이 중얼거리며 읽지 않게 하라.

배우들은 대부분 첫 독회연습을 싫어하지만, 종종 혼자서 연구했을 때보다 반짝이는 생각을 드러내기도 한다.

연습 분위기의 강도를 세게 하라. 첫 장면을 여는 배우들에게 보다 깊이 장면에 빠져들어 달라고 설득하라. 중간에 끊었다가 다시 시작하더라도 한번 제대로 해보자고 하라. 조금이라도 도를 넘어서 진지하게 접근하는 배우들을 보고 다른 배우들이 깔보는 일이 없도록 분위기를 조성하라. 과감하게 시도하는 배우들이 얼마나 용감한지 생각하게 하라.

35 독회가 끝나면 대화로 마무리하라. (반응을 말해 주어라.)

배우들이 희곡에 대한 신선한 생각과 어려운 과제를 만난 게 아니라는 생각을 간직하고 있을 때 연출가의 견해를 말해 줄 수 있다. 가능한 한 많은 배우들이 말하게 하되, 표현의 내재적 의미에 대해서 누가 모호한 이론을 들이대고 누가 복잡한 이론을 들이대어 혼란과 놀라움을 일으키는지 인식하게 하라.

36 기본적인 질문을 물어라.

처음부터 좋은 질문을 물어라. 등장인물은 어디에 있는가? 누가 누구와 연결되어 있는가? 그들은 서로를 어떻게 느끼고 있는가? 지금은 한 해 가운데 언제인가? 또는 몇 시인가? 그들은 몇 살인가? 그들은 어느 지방 사투리를 구사하는가? 왜 그가 등장하는가? 왜 그가 떠나는가? 누가 누구를 쫓고 있는가?

차이를 분명하게 하라. 행동은 얼마나 크고, 또 작은가?

등장인물의 의도는 근사한가, 아니면 추잡한가? ☑ 55항 참조

희곡 작가의 의도를 알리는 지문을 분석하라. (예를 들면, "긴장을 풀고," 또는 예로부터 자주 사용하는 "웃기지만 웃지는 않으며" 같은 것들을 분석해보라.)

37 장면 안에 흐르는 파장을 표시하라.

어디에서 형식적인 격식이 우발적인 일로 무너지는가? 어디에서 로맨스가 실망으로 깨어지는가? 사냥꾼은 언제 방향을 바꾸는가? 쫓기던 자가 언제 저항을 시작하는가? ☑ 53항 참조

장면 사이에 있는 이러한 드러나지 않은 장면에 대해서 토론하고 상세히 기술하라. 여기서 장면이란 등장인물이 등장하면서 시작하고 퇴장하면서 끝나는 '프렌치 씬'[20]을 의미하지 않는다. 비록 대사는 몇 마디 되지 않아도, 작은 행동이나 개별적이고 연극적인 표현 단위에도 '시작, 중간, 끝'[21]이 있다.

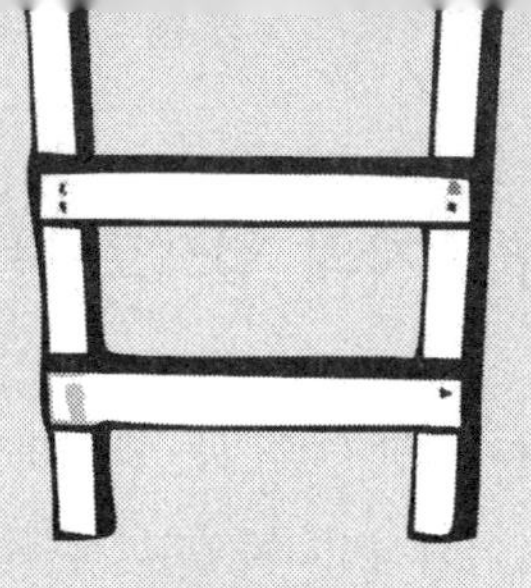

제5장
연습규칙

38. 연출가 혼자의 힘으로 작업하라.
39. 연습에는 규율이 필요하다.
40. 한 번에 일주일치 연습계획을 수립하라.
41. 배우들이 불필요하게 서성대지 않게 하라.
42. 사과하지 않아도 되는 일에 대해 사과하지 마라.
43. 적절한 쉬는 시간을 가지도록 하라.
44. 감사하다고 이야기하라.
45. 스태프를 참여시켜라.
46. 연습을 시작하기 전에 연출가 혼자 먼저 대본을 읽어라.
47. 대본에 얼굴을 파묻고 있지 마라.
48. 어려운 순간을 새로운 발견의 계기로 삼아라.
49. 사람들이 지쳐 있을 때는 진도를 나가지 마라.
50. 쾌활한 분위기로 연습을 마쳐라.
51. 엄숙하지 마라.
52. 연습 후반기에 외부인에게 연습을 보여주었다면…,

연출가 혼자의 힘으로 작업하라.

너무나 분명한 말이지만 연출가는 최선의 방법을 찾아서 실천해야 한다. 쉽게 이해시킬 수 있는 말을 찾거나, 반려동물과 함께 즐기며 휴식을 취하거나, 자신을 향상시키려고 노력하라.

연습에는 규율이 필요하다.

연출가의 임무는 모두에게 언제나 우호적인 사람이 되어야 하는 것이 아니다. 연습시간에 늦거나, 일반인들이 일하면서 떠들어대듯이 잡담을 하거나, 배우들이 연습을 하고 있을 때 신문을 보는 일은 연출가에게도 금지된 짓이다.

한 번에 일주일치 연습계획을 수립하라.

연습 초기가 지나면 연출가는 배우와 희곡에 익숙해진다. 이때부터 연출가는 어떤 연습도 일주일에 최소 두 번은 반복해야 함을 명심하라.[22]

배우들이 불필요하게 서성대지 않게 하라.

이유 없이 배우들을 빈둥거리게 만들면 전체 분위기는 해이해진다. 어떤 수단을 강구해서라도 배우들이 제시간에 연습장에 나오게 해서 연습이 주는 자극과 긴장감을 잃지 않게 하라. 어쩔 수 없이 연출가가 예정된 연습시간보다 30분 정도 늦을 경우도 있다. 그보다 더 늦을 경우에는 배우들을 해산시키고 다음에 모이게 하라. 그리고 꼭 사과하라.

사과하지 않아도 되는 일에 대해 사과하지 마라.

아무리 재미있게 말하더라도 스스로 내뱉는 자기비하 발언은 단체에 약점이 된다. 다시 한 번 강조하지만, 모든 사람에게 친구가 되려고 애쓰지 마라.

43 적절한 쉬는 시간을 가지도록 하라.

연출가에게는 선택의 책임이 있으므로 뜻대로 밀고 나가도 좋으나, 함께 작업하는 다른 예술가들은 연출가보다 쉽게 지친다.

다른 이들은 연출가가 그들을 격려하고 독려하는 데서 얻을 수 있는 자기 보상이나 자기만족과 똑같은 자존감을 갖지 않을 수 있기 때문이다.

44 감사하다고 이야기하라.

배우들과 스태프들은 무대감독으로부터 받은 전달사항을 정중하게 받아들이는 게 극장의 예절이다. 이러한 좋은 감각을 공연 제작 전 과정에서 기준이 되게 하라.

어느 누구도 무대감독에게 거만하거나 건방지게 대하게 하지 마라. 이러한 좋지 않은 태도는 프로페셔널의 세계에서는 사라졌지만 아직도 아마추어 세계에는 남아 있는 듯하다.

45 스태프를 참여시켜라.

스태프나 무대 진행요원들도 전체 작업의 창조적 과정의 한 부분이지 동떨어진 객체가 아니다. 그들도 기가 막힌 좋은 생각을 제공할 수 있지만 종종 그러한 생각을 말하는 걸 두려워한다. 그들이 관여하고 있거나 잘 알고 있는 분야에서 그들의 의견을 구하라. ☑ 21항 참조

연습 초기에 작품에 도움을 줄 창조적인 생각을 제공하는 방법에 대한 규칙을 정하라. 단 개인적으로 연출가에게 직접 제공하게 하라.

46 연습을 시작하기 전에 연출가 혼자 먼저 대본을 읽어라.

대본을 볼 때마다 연출가는 새로운 걸 깨닫게 된다.

대본에 얼굴을 파묻고 있지 마라.

배우의 연습을 최대한 많이 보아야 한다. 장면이 진행되거나 전체 연습을 할 때 앉아서 노트만 적고 있어서는 안 된다. 전체 연습을 할 때 좋은 방법을 하나 소개한다. 처음에는 노트를 하지 않고 연습을 지켜보는 것이다. 쉬는 시간에 대본을 찾아서 보았던 장면을 떠올려보고 배우들의 연기를 판단하고 그때 메모를 하는 것이다. 그 다음에도 그렇게 반복한다.

연습 초기에 전체 연습을 진행할 때 노트를 전혀 하지 않고 연습을 보는 것이 좋다. 마치 한 사람의 관객이 된 것처럼 눈앞에서 펼쳐지는 장면 속의 연기에 몰입해보자. 이런 연습에서 연출가는 폭넓은 범위의 노트를 기록해두는 게 좋다.

그러나 단 한 번 예외가 있다. 연습 말기에 한 번 전체 연습을 선택하여 장면을 전혀 쳐다보지도 말고 오직 듣기만 하라.

어려운 순간을 새로운 발견의 계기로 삼아라.

연습 과정에서 넘기 어려운 장벽에 가로막혔을 때 그냥 놔두는 것이 좋을 경우가 많다. 문제에 대한 해결책은 나중에 밝혀지는 것이 도움이 되기도 한다. 해결되지 않은 많은 문제들이 때가 되면 스스로 풀리곤 한다.

사람들이 지쳐 있을 때는 진도를 나가지 마라.

그럴 때에는 먼저 만든 장면을 다시 연습하는 게 좋다.

쾌활한 분위기로 연습을 마쳐라.

모든 배우들에게 각자의 헌신과 공헌에 대하여 감사함을 개별적으로 전하라.

엄숙하지 마라.

연습은 배우에게도 연출가에게도 땀나는 일이며, 거칠고…, 그러나 재미있기도 하다.

연습 후반기에 외부인에게 연습을 보여주었다면…,

다음 사항을 꼭 물어보라.

A. 잘 들리지 않은 것은 무엇인가?

B. 이해되지 않은 것은 무엇인가?

C. 관심을 끌지 않은 것은 무엇인가?

D. 하루가 지나면 어떤 생각이 들 것인가?

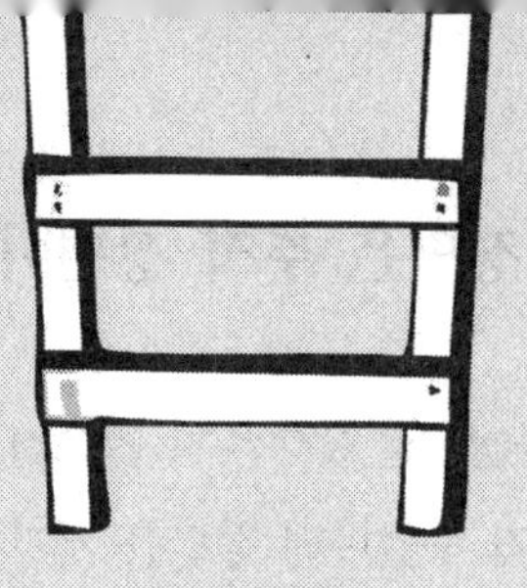

제6장

블로킹[23]

53. 모든 장면은 추적 장면이다.
54. 등장인물의 욕구의 힘은 희곡의 힘과 같다.
55. 좋은지 아니면 고약한지, 아니면 큰지, 작은지 물어봐라.
56. 모든 배우가 속말을 하게 하라.

모든 장면은 추적 장면이다.

등장인물 A는 등장인물 B가 주지 않으려고 하는 어떤 것을 갖기를 원한다. B가 주었다면 장면은 거기서 끝난다. 왜 A는 그것을 원할까? 무엇을 하려고 그것을 원하는가…? 왜 B는 거절할까?

일반적으로 누군가 누구를 쫓으면 그들은 어떤 목표물을 향해 움직이게 되고 목표물에서 압박감을 느끼게 되고 목표물은 그들로부터 멀어진다. 블로킹은 이러한 관계를 무대에서 보여준다. 블로킹은 모호한 미스터리 같은 작업이다. 레닌[24]이 "누가, 누구에게?"라고 말했듯이 블로킹은 누가 누구에게 무엇을 얻어내려고 했는지를 보여주는 것이다. 유령이 햄릿에게 호소할 때, 누가 누구를 쫓는지는 분명하다. 그러나 〈벚꽃동산〉이나 〈리어왕〉의 첫 장면을 보라. 위와 같은 질문은 답하기 어렵다. 그럼에도 불구하고 '추적'은 모든 연극적 구조의 버팀목이다. 연출가가 블로킹에 눈을 뜨면 블로킹은 명확해지며 동시에 중요함을 제공한다. 이와 마찬가지로 제대로 배우지 못한 연출가의 블로킹은 공연에 문제를 드러낸다.

54 등장인물의 욕구의 힘은 희곡의 힘과 같다.

만일, 등장인물 A가 등장인물 B에게 5만 원을 '대충' 빌리려 한다면 A의 행동은 열의 없어 보일 것이다. 만일 B가 '대충' 거절하려 한다면 돈을 빌리려는 연기는 무기력하게 보일 것이다. 만일 A가 강력하게 요구를 하게 만들려면 B가 A의 요구에 강하게 반응하게 만들면 될 것이다. 강한 반발을 무릅쓰고 목적을 달성한다면 A의 집요함을 측정할 수 있다.

제 가슴을 손으로 치고 온몸의 긴장을 풀고 나서 베개를 집어 드는 행동은 전혀 감동을 주지 못한다.

그런데 만일 A가 긴 대사를 하는 동안 B가 가만히 서서 고개를 끄덕이거나, 눈살을 찌푸리거나, 집중해서 듣는다면 그 장면은 제대로 흘러갈 것이다. B는 A가 대사를 시작하자마자 A의 요구를 막으려 할 것이다. B는 동의하지 않거나 아니면 다른 방식을 제안하려 들 것이다. 그는 A가 자기를 몰아세운다고 느낄 것이다. 거기에는 B가 A를 막으려는 이유가 열 가지도 넘을지도 모른다. 연습에서는 B에게 어떤 식으로든 A를 막아내라고 주문을 한다면 A는 B를 이겨내려고 할 것이다. 거기에 경쟁이 없다면 관객은 곧 지루해할 것이다. B가 순순히 응한다면, A가 애를 써가면서 길게 얘기할 이유가 없기 때문이다. (그런데 배우들을 살펴보면, 처음부터 평상시보다 말하는 속도를 올림으로서 "아, 이건 긴 대사야!"라는 신호를 보낸다.)

연습하는 배우들은 극복해야 하는 저항의 크기만큼 강하게 표현한다.

좋은지 아니면 고약한지, 아니면 큰지, 작은지 물어봐라.

만일 나의 대사가 "네 여동생, 아주 귀엽던데?"라면, 당신은 상대배우로서 이 대사를 어떻게 받아들일 것인가, 좋은 표현인가, 고약한 표현인가? 좋은 표현이라면 비록 조금만 움직이더라도 상대가 나에게 가까이 오려고 움직일 것이다. 고약하다고 판단되면 멀어지려 할 것이다. 만일 조금도 움직이지 않으면, 이는 시체나 다름없다.

얼마나 좋은 표현이며, 얼마나 고약한 표현인가? 큰 표현인가, 작은 표현인가? 반응의 총합계가 바로 등장인물의 성격이다. 등장인물의 성격이란 이해하기 힘든 생명체 같아서 실제적인 상황을 놓고 토론해야 한다. 배우들은 희곡의 플롯(구성)에 관한 주제가 아니라면, 등장인물의 나이, 관계, 물질적 상황 등에 대해선 대부분 동의한다. (유식한 배우조차도 플롯을 파악하는 과정에서 엄마를 딸로 잘못 판단하거나 사건이 일어난 시기 등을 헷갈리는 것을 보면 문자 그대로 놀라울 일이다.)

56 모든 배우가 속말을 하게 하라.

배우들이 무엇을 해야 할지 모를 때가 있다. 당장 해내야 할 작업에 어울리지 않거나 상상력이 부족하거나 겁이 나서 또는 불안정한 상태를 드러내거나 하여 습관적으로 막막해질 때가 있다. 상투적인 자세, 억양이 고조되거나 억양에 멜로디가 생기거나, 반복되는 움직임 또는 진부한 동작 등을 살펴볼 필요가 있다. 연출가로서 이러한 점들이 발견되면 무엇인가 조치를 해야 한다.

대사를 말할 때 쓸데없이 "어…, 저…", 같은 군더더기 소리를 넣거나 앉은 자리에서 일어날 때 불필요하게 상반신을 움직이거나, 얼굴을 긁어대는 태도도 쓸데없는 표현이다.

흔히 애원할 때 고개를 숙이고 상대 배역에게 두 손을 높이 올리는 표현도 쓸데없이 약한 표현이다. 존중을 표현한다고 만든 것이지만 배우의 감정을 드러낼 수 없는 잘못된 표현이다. (데이비드 매멧[25]은 애원이란 "야, 너 내가 원하는 대로 해줄래?"라고 말하는 것처럼 품위 있는 행위가 아니라고 가르친다. 무엇인가 얻고 싶거나 갖고 싶은 것을 얻어내는 행위라는 것이다. ☑ 67항 참조)

연출가로서 함께 작업하는 배우들의 버릇을 모두 알 수는 없지만 그들의 개인적인 태도를 이해하면 그가 맡은 등장인물의 상황을 명확하게 그려내는 데 개입할 수 있는 값진 진단을 내릴 수 있을 것이다. ☑ 66항 참조

제7장 배우와 대화

57. 등장인물에 대한 토론은 필요할 때 갖는 것이 최고다.
58. 첫 신호를 근사하게 전하라.
59. 등장을 강하게 만들어라.
60. 배우의 소리는 잘 들려야 한다.
61. 처음부터 진지하게 배우를 칭찬하고 자주 하라.
62. 연출가는 배우보다 등장인물과 대화한다.
63. 장면의 블로킹에 들어가기 전에 앉아서 대본을 읽어라.
64. 너무 일찍 너무 많은 것을 기대하지 마라.
65. 절대로 괴롭히지 마라.
66. 배우들이 자신의 일을 하게 하라.
67. 행동을 감정으로 표현하지 마라.
68. 배우들에게 "그들의 눈을 보라"고 이야기하라.
69. 배우들은 자신이 참가한 공연을 얕잡아보는 경향이 있다.
70. 명백하게 말하라.
71. 직접적 말투로 지시하는 것은 연출가의 적절한 태도이지만 항상 그렇지는 않다.
72. 배우에게 수정 지시를 줄 때는 개별적으로 전해라.

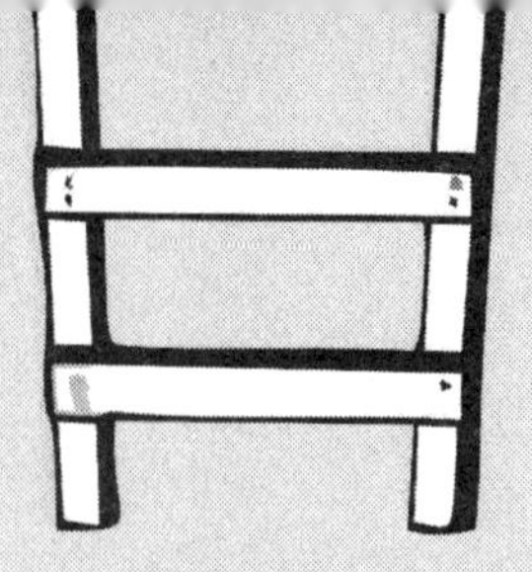

73. 함께 작업하는 배우를 알라.
74. 공연이나 전체 연습을 시작하기 전에는 지시를 내리지 마라.
75. 배우들이 원했다고 하더라도 그들이 냉혹한 진실을 받아들일 거라고 여기지 마라.
76. 부정적인 지시는 '그러나'가 아닌 '그리고'로 시작하라.
77. 연출가의 지시메모에 단 한 명의 배우도 누락시키지 마라.
78. 언제나 변화를 받아들여라.
79. 반대로 생각해보라.
80. 극의 마지막 장면을 처음에 연기하지 마라.
81. 주어진 조건에 거역하여 연기하라.
82. 배우들이 대본을 놓고 연습을 시작할 때는 관대해져라.
83. 자주 "누구에게 말하고 있는 거야?"라는 질문을 물어라.
84. 분노에 앞서 고통이 온다.
85. 추상적인 것에도 공간을 부여하라.
86. 연습 후반부에 연출가는 스스로에게 "내가 정말 믿고 있는가?" 라고 물어보라.
87. 연습 후반부에도 독회연습을 고려하라.

57 등장인물에 대한 토론은 필요할 때 갖는 것이 최고다.

등장인물에 대한 토론은 너무 일찍 시작하는 경우가 있고, 종종 토론이 거창해지는 수도 있다. 관객은 등장인물이 상대역에게 싫어하는 점을 연기에 활용한다고 하여도 그러한 것을 알지 못할 것이다. 관객은 등장인물이 장면에서 뱉어내는 말과 보여주는 행위로 판단한다. 대사와 행동이 좋은 것이든 고약한 것이든, 큰 것이든 작은 것이든 무대 위에서 보고 듣는 것만으로 판단한다.

58 첫 신호를 근사하게 전하라.

장면 연습을 시작할 때, "자, 준비, 조명 준비 …, 조명이 들어왔다~!"라고 시작해보라.

실제 상황처럼 자극을 줄 것이다. 그저 "시작!"이라고 하는 것보다 부드럽다. 연출가의 이런 연습태도는 모든 이들을 편안하게 만들어줄 것이다.

59 등장을 강하게 만들어라.

등장의 동기부여를 기분 좋게 만들어주어라. 예를 들면, "오늘이 바로 그날이다. 오늘 저녁이 바로 기다리던 저녁이다. 자, 오늘 하루를 잘 마무리하자." 같은 것이다.

60 배우의 소리는 잘 들려야 한다.

무대에 등장하는 첫 번째 배우가 첫 대사부터 크게 말한다면 관객은 편안하게 좌석에 등을 기대고 속으로 생각할 것이다. "아아, 좋다! 잘 들리네." 관객은 우호적으로 무대를 볼 수 있도록 긴장을 풀 것이고 다음에 벌어지는 놀라운 광경들을 받아들일 것이다.

61 처음부터 진지하게 배우를 칭찬하고 자주 하라.

참으로 중요한 연출가의 노트가 있다.

매번 배우들의 잘못을 지적하지 말고, 배우들이 '제대로' 연기한 것을 자주 이야기하는 버릇을 길러라.

배우들이 연습장에서 무대에서 좋게 보일 때마다 배우들에게 이야기해 주어라. 배우들은 연출가가 그들의 모습과 품위를 알고 있음을 믿게 될 것이고 자신들이 해내야 할 임무에 대하여 긴장감을 적게 가질 것이다.

62 연출가는 배우보다 등장인물과 대화한다.

배우들이 연습에서 정확한 연기를 해내지 못하고 비슷하지만 정답이 아닌 생각에 머물러 있을 때도 그들이 잘하고 있다고 말해도 좋다. 비록 그들이 성취하지 못했다고 해도 연출가가 추구하는 수준을 이해하고 있다면 말이다.

한 가지 예를 들면 이렇다. 한 부부가 마지막으로 작별인사를 한다. 남편이 아주 위험한 임무를 수행하러 떠나는 순간이다. 그들은 포옹한다. 그리고 눈물을 흘린다. 그런데 거기에 뭔가가 빠졌다. 이럴 때, "좋았어, 좋았어요. 감동적이야. 서로가 서로에게 **자랑스럽다**고 느꼈을 거야."

두 배우는 연기하면서 서로를 **자랑스럽게** 여기지 않았을지도 모른다. 하지만 그들은 연출가가 원하는 바를 알아차리고 등장인물이 무엇을 연기해야 하는지를 파악하면서도 배우로서 감정에 상처를 받지 않을 것이다.

장면의 블로킹[26]에 들어가기 전에 앉아서 대본을 읽어라.

하루 전에 블로킹을 완성한 장면이더라도 끊지 않는 전체 연습을 시작하려 한다면 먼저 배우를 모두 앉게 하고 둘러앉아 대본독회 연습을 진행하라. 이때 다음과 같은 질문을 던져라. "그 단어가 뭘 의미하는지 잘 알지?" 또는 "왜 그 말을 지금 말할까?" 쉽게 묻고 쉽게 답할 수 있다. 그리고 배우들이 일어서서 연습을 할 때는 절대로 장면을 끊지 말자. 장면 전체 연습을 할 때 끊으면 배우들은, "아, 저 연출가가 내가 틀렸다고 보는구나!", "연출가가 날 힘들게 만드는구나."라고 생각할 수 있다.

십 분을 들여서 독회연습을 하면 나중에 한 시간 이상을 벌 수 있다.

명심하자. 시간은 항상 있다. 시간을 만들어라.

너무 일찍 너무 많은 것을 기대하지 마라.

훌륭한 배우들도 연출가의 지시나 단순한 행동을 당장 제대로 수행할 수 없을 때가 있다. 이는 하나도 잘못된 게 아니다. 어쩌면 그들은 연출가가 생각해내지 못한 다른 요소들을 떠올리고 다른 가능성을 생각해볼지도 모른다. 연출가가 주문한 것이 당장 나타나지 않더라도 하루나 이틀 정도 시간을 두고 기다려보라. ☑ 78항 참조

기다렸는데 반응이 나오지 않더라도 비판하지 마라. 부드럽게 그들이 지난 연습에서 제대로 연기한 것을 상기시켜라. 비록 그들이 전에 연습을 제대로 보여주지 못했더라도 이런 방법은 효과를 볼 것이다. 마법의 말과 같은 "지난 주 연습에서"로 시작하는 과거 연습의 언급은 건설적인 수정지시와 긍정적인 다짐에 조화를 가져올 것이다.

65 절대로 괴롭히지 마라.

배우를 향해 큰 소리를 질러서도, 그들을 빈정거려서도, 그리고 무엇보다도 흉내 내서도 안 된다. 그것은 웃음과 함께 당신의 적을 만들어낼 것이다. 배우가 잘못하고 있는 것을 흉내를 내어 꼬집어주고자 하는 것은 모든 사람이 다 실패했을 때에만 가능한 일이다. 그러나 꼭 그 방법을 사용해야 한다고 하더라도 그렇게 하기 위해서는 개별적으로 해야 한다.

66 배우들이 자신의 일을 하게 하라.

다른 사람을 웃기기 위해 지나치게 노력하는 사람은 절대로 사람을 웃기는 데에 성공할 수 없듯이 관객들의 시선을 잡으려고 지나치게 노력하는 배우는 관객을 지루하게 한다. 배우의 일은 관객의 시선을 사로잡는 데에 있는 것이 아니라 그 순간에 행해져야 하는 어떠한 일을 행하는 것이다. 당신의 일은, 배우들이 자신들의 목적에 초점을 맞출 수 있도록 안내해 주는 일이다.

배우에게 주는 간단한 질문은 다음과 같다

A: 당신은 무엇을 원하는가?
B: 그것을 가지기 위해 당신은 무엇을 하는가?
C: 당신은 목표를 향해 나아가고 있는가? (성공적인가?)
D: 당신을 방해하는 것은 무엇인가?

67 행동을 감정으로 표현하지 마라.

배우들에게 "실망해 보세요."와 같이 실천해낼 수 없는 감정적인 지시들을 내리지 마라. 그런 지시를 내리는 연출가는 배우들의 진실하지 못한 모습을 확인하게 될 것이다.

데이비드 매멧은 배우들이 연기하는 순간에 필요로 하는

감정은 외과 의사나 항공기 조종사의 감정처럼 그들이 하는 일과는 무관하다고 주장한다. 연기에 대한 그의 조언에 의하면 외과 의사가 수술할 감정이 아니 든다고 환자를 죽일 수 없고 조종사가 착륙할 감정이 나지 않는다고 항공기를 폭파시킬 수 없다는 것이다. 진정한 배우는 진정한 영웅처럼 자신의 감정과는 상관없이 그가 해야 할 일을 해내야 한다.

배우가 행동을 표현하는 데 가장 좋은 방법은 상대방이 느끼기 원하는 것에 초점을 맞추는 것이다.

폴 뉴먼[27]은 자신이 받은 최고의 지시는 "저 남자를 감싸주어라."였다고 밝힌 바 있다.

배우들에게 "그들의 눈을 보라"고 이야기하라.

어떤 사람이 무슨 생각을 하고 있는지 어떤 감정에 빠져 있는지를 알기 위해서 배우들은 권투선수가 상대방의 눈을 쳐다보는 데서 힌트를 얻을 수 있다.

그러나 카메라 앞에 서 있지 않는 이상 연기는 눈으로 하지 않는다. 대부분 목소리와 신체를 사용하여 연기한다. 좋지 않은 것에서 벗어나 좋은 것으로 나아가라.

배우들은 자신이 참가한 공연을 얕잡아보는 경향이 있다.

공연이 형편없더라도 배우들은 그들이 잘했다고 생각한다. 공연이 아주 좋았다면 왜 좋은지 잘 모른다.

이는 말처럼 나쁜 것은 아니다. 상당히 좋은 연기는 실제로 무의식 상태에서 비롯된다. 배우들은 자의식을 갖지 않고 연기해야 한다. ☑ 89항 참조 그래서 배우들은 연출가에게 확인받고 싶어 한다.

배우들의 이런 버릇을 사랑해주어라.

그들의 이러한 면을 사랑하라. 우리들은 생각조차 할 수 없는 공포를 기꺼이 견뎌가며 연기하는 배우들의 힘든 노고를 고맙게 여겨라.

명백하게 말하라.

연출가는 세 가지의 무기를 가지고 있다. "그렇다.", "아니다.", 그리고 "모르겠다." 망설이지 말고 무기를 사용하라. 연출가는 언제든지 의견을 바꿀 수 있으며 누구도 그에 대해 관심을 두지 않는다. 배우들이 제일 관심을 갖는 것은 "내가 지금 나서야 하나?"를 고민하는 약 2분 동안의 고통스러운 순간이다. ☑ 26항 참조

직접적 말투로 지시하는 것은 연출가의 적절한 태도이지만 항상 그렇지는 않다.

배우들은 그들이 묻고 있는 질문의 답을 미리 알고 있는 경우도 많다. 이럴 경우 배우들이 진정으로 알고 싶어 하는 것은, “내가 제대로 잘하고 있지요?”를 확인하려는 것이다.

이럴 때 연출가는 추가 질문을 던져서 답을 하면 좋다. 배우들이 옳다고 믿는 것을 연출가도 이해하고 받아들인다는 답을 즉시 해 주어라. “여기서는 어떻게 하면 좋을까?” 또는 “당신이 연출가라면 어떻게 풀어나가면 좋을까?”라는 질문은 좋은 배우들을 격려하고 자극하고 지지하는 기능을 한다.

배우에게 수정 지시를 줄 때는 개별적으로 전해라.

이는 배우들이 여러 사람 앞에서 무안당하는 것을 막아줄 뿐 아니라 개인적인 표현에 집중할 수 있게 해준다. 마치 연출가와 은밀한 비밀을 나눈 것 같은 느낌이 들게 하라.

비판적인 지시를 개별적으로 제시하거나 기술적으로 전할 수 없다면 그 지시를 포기하라.

73 함께 작업하는 배우를 알라.

어떤 배우는 많은 사람들의 관심을 끌고 싶어 하고 누구는 혼자 조용히 있고 싶어 한다. 어떤 배우는 종이에 적힌 지시를 선호하고 누구는 연출가의 말을 듣고 싶어 한다. 배우들의 성향을 파악하라. 오랜 시간이 걸리지도 않는다. 조금만 주의를 기울이면 나중에 엄청난 이득을 가져다줄 투자가 된다.

74 공연이나 전체 연습을 시작하기 전에는 지시를 내리지 마라.

연출가는 고쳐야 할 것은 모두 고쳐지길 바라지만, 공연 바로 직전은 그런 때가 아니다.

물론 안전과 관련된 사항은 예외다. 만약 수도관에서 물이 새어서 무대에 물이 고여 있다면 (무대감독이 하면 더욱 좋겠지만) 꼭 배우에게 알려야 한다.

공연 첫날 하루 전에 전체적인 메모를 줄 수 있지만 내용이 많지 않아야 하고 긍정적인 것으로 제한하라.

배우들이 원했다고 하더라도 그들이 냉혹한 진실을 받아들일 거라고 여기지 마라.

좋지 않은 얘기는 그보다 세 배나 많은 기분 좋은 얘기로 완화시켜라. (순서는 반대로 되어도 상관없지만 마지막은 기분 좋은 상태가 되도록 만들어라.) 칭찬이나 비판을 하려 할 때는 진지하고 구체적이어야 한다. ☑ 28항 참조

부정적인 지시는 '그러나'가 아닌 '그리고'로 시작하라.

긍정 : 의상이 잘 어울리는데(그리고요 and), 모자를 조금만 위로 올리면 아름다운 얼굴도 잘 보일 겁니다.

부정 : 의상은 잘 어울리지만(그러나 but), 모자를 조금 위로 올리지 않으면 얼굴이 보이지 않아요.

77 연출가의 지시메모에 단 한 명의 배우도 누락시키지 마라.

연극에서 누군가를 향한 연출가의 침묵은 예외 없이 불만이나 못마땅함으로 받아들여짐을 잘 알고 있을 것이다.

78 언제나 변화를 받아들여라.

공연 바로 전에 새로운 생각이나 변화를 도모하는 것은 단순히 쉽게 될 수 있는 일이 아니다. 아주 작은 표현이더라도 관객 앞에 선보일 때는 먼저 대사로 검증되고 무대 위에서 움직임으로 확인되어야 한다.

연출가라고 해서 모든 가능한 결과를 미리 알 수는 없다. 좋은 배우들은 대본과 연출가가 마련한 환경을 근거로 하여 엄청남 분량의 내면적 작업을 해낸다. 그러한 환경을 바꿀 때에는 그에 적응할 충분한 시간을 고려해야 한다. ☑ 64항 참조

무엇인가를 바꾸었으면 그 장면에 출연하는 배우는 물론이고 그 장면을 알아야 하는 모든 이들에게 알려야 한다. 연출가가 없을 때 대역 배우를 연습시키고, 연출가가 의도한 대로 공연을 진행시키는 무대감독도 포함시키는 것을 잊지 마라.

79 반대로 생각해보라.

스타니슬랍스키는 어느 책에선가 배우에게 "만일 선한 역할을 맡을 때는 그 역할의 악한 면을 찾아보고, 악한 역할을 맡을 때는 그 역할의 선한 면을 찾아보라."고 충고하였다. 당연하지만, 쉽게 잊어먹는 조언이다.

등장인물의 표피에서 맴도는 배우의 연기는 안이하고 지루하다.

80 극의 마지막 장면을 처음에 연기하지 마라.

배우들은 할 수만 있다면 놀라운 종말을 보여주는 극적인 반전을 가능한 미뤄야 한다. 버나드 쇼가 성 요한나를 맡은 엘리자베스 버그너[28]에게 한 말을 기억하라. "그 배우는 첫 장면부터 반쯤 화형당한 상태였다." 버그너는 훌륭한 배우였는데 말이다.

81 주어진 조건에 거역하여 연기하라.

우리는 자기도 모르는 사이에 비밀이나 알려지지 않은 결점을 숨기거나 보상받으려고 애를 쓰다가 오히려 자신을 드러내게 된다.

한 예로써 잭 레몬[29]이 술 취한 상태를 연기하는 배우에게 준 조언을 얘기해 보자. 그는 "불분명하게 발음하지 마라"고 했다.

이는 효과적이다. 지나칠 정도로 똑바로 발음하는 것은 부끄럽고 죄송해서 술 취한 상태를 감추려는 노력에 적합하기 때문이다. 우리가 몸의 움직임을 완벽하게 통제하려고 애를 쓸 때 오히려 몸을 마음대로 다룰 수 없는 상태가 더 잘 드러나는 경우와 같다.

이 원칙에 또 다른 예가 있다. 만약 좋은 배우가 나쁜 배우를 연기하려 한다면 오직 대사의 순서만 기억해서 말하면 된다. ☑ 부록 3. '단순함' 참조

배우들이 대본을 놓고 연습을 시작할 때는 관대해져라.

이때는 특별히 취약성을 드러낼 때다. 새로운 돌파구를 찾으려 하거나 정확성을 드러낼 때가 아니다. 배우들이 헤맨다면 블로킹을 조금 바꾸어주거나 상대방의 반응이나 표현의 동기에 대해 토론해보라. 이런 방법은 배우들이 자의식에 사로잡혀 긴장하는 것을 풀어줄 수 있다.

자주 "누구에게 말하고 있는 거야?"라는 질문을 물어라.

등장인물이 대사를 하고 있는 동안 상대가 되는 배역이 변하는 걸 보면 관객의 흥미는 증가한다. 연습방법으로 긴 독백을, 또는 대사의 일부분을, 때때로 완전히 다른 상대에게 말하게 해보라. 이는 대사의 새로운 의미를 발견하게 해준다.

분노에 앞서 고통이 온다.

배우가 갑자기 분노의 상태에 빠질 때, 함께 배우가 상처받은 순간을 되돌아보라. 고통의 상태가 더 중요하고 흥미롭기 때문이다.

추상적인 것에도 공간을 부여하라.

눈에 보이지 않는 대상에도 공간을 설정하라. 예를 들어 "교회는 여기, 로마는 저기, 나는 임금님과 저쪽 너머에서 말씀을 나눴다."라고 정하라는 것이다.

연습 후반부에 연출가는 스스로에게 "내가 정말 믿고 있는가?"라고 물어보라.

만일, "아니다."라는 답이 나오면, 배우들이 관객에게 열심히 설명만 하고 있기 때문일 경우이다. 관객이 작품에 빠져드는지를 걱정하는 것은 연출가의 임무이다. 배우는 다른 임무가 있다. 무대 위에서 등장인물의 목적을 달성하는 데 충실해야 한다. 그리고 잘 들려야 한다.

87 연습 후반부에도 독회연습을 고려하라.

전체 연습을 한두 번 하고 나서 전체 배우가 책상에 앉아서 대본을 읽는 연습을 하며 대사를 다시 한 번 한 줄씩 분석해 보는 것도 좋은 방법이다. 공연도 얼마 남지 않은 연습 후반부인데 배우의 연기 부분에 진도가 덜 나갔다고 느낄 때 더욱 좋은 연습이다. 배우들 대부분은 대사를 한 줄씩 읽고 분석하는 연습을 불편하거나 어색하게 받아들이지 않으며 오히려 연출가의 안내에 고마워할 것이다.

제8장 웃으며 연습하자

88. 유머는 대체로 두 가지 범주 중 하나에 속한다.
89. 배우는 절대로 관객을 웃기려 해서는 안 된다.
90. 숨바꼭질을 하라.
91. 유머의 최종 판단은 관객이 한다.
92. 관객이 집중해야 유머의 효과가 나타난다.
93. 유머가 먹히지 않는다면 배역을 바꾸어보라.
94. 재미있는 유머는 나쁜 기질(성향, 습성)이 필요하다.

유머는 대체로 두 가지 범주 중 하나에 속한다.

영국배우 에드워드 페터브릿지[30]는 "남의 불행이 아닌 일로는 다른 사람을 웃길 수는 없다."는 말로써 유머의 첫 번째 범주를 알맞게 설명했다.

하지만 관객은 대사나 행동의 표현 속에 숨어 있는 뜻이 옳다고 믿으면 웃는다. 조지 버나드 쇼는 "만일 웃기는 일이 일어나면, 거기에 숨겨진 진실을 찾아보라."는 말을 남겼다.

연출가의 임무 중에는 관객이 공연에서 그들의 마음을 즐겁게 만드는 연결점들을 찾도록 돕는 일도 포함된다. 관객이 "아하, 저게 이런 뜻이구나!" 하고 생각하고 그 반응으로 웃어 준다면, 이는 연출가와 희곡작가, 배우들이 뭔가 올바른 작업을 했다는 확실한 신호가 될 것이다. ☑ 17항 참조

배우는 절대로 관객을 웃기려 해서는 안 된다.

배우는 웃기는 것에 초점을 맞출 게 아니라 표현의 주어진 상황에 관심을 집중해야 한다. 표현이 진실되고 생기가 넘치면 유머는 저절로 따라온다.

배우의 임무는 관객을 웃기게 만드는 데 있는 게 아니라, 무대 위에서 진실되게 표현의 목적을 성취하는 데 있다. 연출가는 등장인물이 필사적으로 원하는 게 무엇인지 배우가 찾을 수 있도록 돕는 인물이다. 등장인물이 속해 있는 진실하고 극단적인 상황을 이해하도록 배우를 도와주어라. 관객은 당연하게 기뻐할 것이고 작품 속에 빠져들어서 참되고 진실한 것을 즐거워할 것이다.

연출가는 배우에게 무엇이 웃겼는지, 그리고 웃음을 만들어내려면 어떻게 해야 하는지를 말해주어서는 안 된다. 이는 경솔하고 지각없는 짓이다. 연출가가 원하는 감정의 결과를 배우에게 말해 주는 것은 배우가 무엇을 어떻게 수행해야 하는지에 대한 무지를 드러내는 짓이다. ☑ 66항, 67항 참조 연출가는 웃음을 유발하는 관심이나 감정적 결과에 대한 관심을 스스로만 간직할 줄 알아야 한다.

숨바꼭질을 하라.

아동발달심리학 전문가들에게는 이해될 수 있는 것이지만 관객은 대상이나 사람이 나타났다가 사라지고 다시 무대에 등장하면 즐거워한다. 특히 이 현상은 문이나 창문에서 일어나면 더 효과적이다.

유머의 최종 판단은 관객이 한다.

관객은 농담을 듣고 나서 연출가조차도 알아내지 못한 의미를 찾아낼 것이다.

프로페셔널한 공연에서 가치 있는 발견이 시연회 기간 동안에 나타난다는 사실에 놀라지 않아도 된다. 시연회에서 관객은 배우들과 연출가에게 희곡의 진정한 의미를 깨닫게 해준다.

연출가는 자신이 알아내지 못한 것을 관객이 알아냈다고 부끄러워할 필요는 없다. 관객이 제공하는 집단 지성의 지혜에 주의를 기울여라.

92 관객이 집중해야 유머의 효과가 나타난다.

정말로 재미있는 대사가 관객을 웃게 만들지 못했다면 그 이유는 뭘까? 누군가 자리를 옮겼거나, 기침했거나, 또는 부적절한 때에 관객의 집중이 방해를 받았을 것이다.

93 유머가 먹히지 않는다면 배역을 바꾸어보라.

극장에 따라 또는 배우에 따라 달라지기는 하지만, 유머는 관객이 농담을 하는 사람의 얼굴을 볼 때보다 듣는 사람의 얼굴을 볼 때 더 효과적으로 받아들여진다.

재미있는 유머는 나쁜 기질(성향, 습성)이 필요하다.

제이 리노[31]는 언젠가 좋은 코미디언은 두 가지의 자질, 즉 재미있는 농담을 만들어내는 능력과 나쁜 기질을 갖추어야 한다고 말했다. 농담이 먹히지 않을 때에도 두 가지 자질은 필요하다. 날씨, 우편배달, 하루의 시간에 대해 불평을 해보라. 무엇이든지 배우는 무엇이든지 의지할 것이 필요하다. 무례하거나 변덕스러운 태도도 다 좋다.

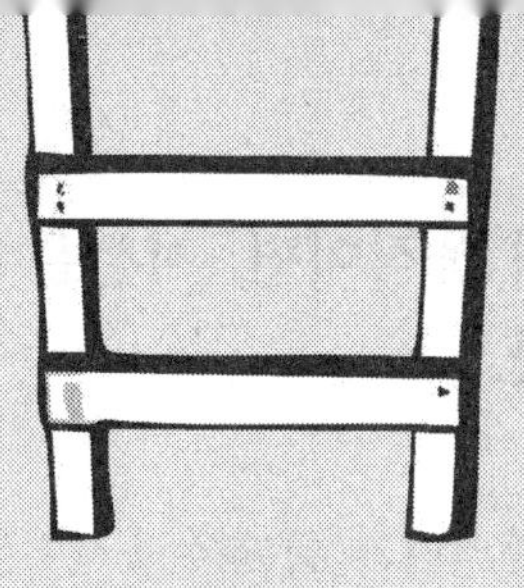

제9장
무대형상화

95. 무엇이 움직이면, 시선은 그것을 따라갈 것이다.
96. 모든 물체(대상)에는 의미가 담겨 있다.
97. 삼각관계.
98. 넓은 공간에 배우가 몇 명 되지 않으면 그들 사이를 멀리 떨어뜨려라.
99. 균형을 깨면 관심을 끌 수 있다.
100. 얼굴의 각도를 이용하라.
101. 배우를 일으켜 세우라.
102. 꼼짝 않고 서 있게 하지 마라.
103. 마땅한 이유가 있다면 앉혀라.
104. 극적 행동에 대한 배우의 관심이 높아지면 관객의 관심도 높아진다.
105. 듣는 것도 적극적인 행동이다.
106. 등장인물의 반응은 소극적이거나 내향적이 아니라 적극적이고 외향적으로 드러나게 하라.
107. 관객에게 등을 돌려라.
108. 배우에게 얼굴을 보일 기회를 주어라.
109. 스타일은 정당한 이유가 있어야 한다.
110. 의상을 갈아입는 순간을 놓칠 수도 있다.
111. 음악의 힘을 믿어라.
112. 음향효과로 무대 밖 상황을 상상하도록 안내하라.
113. 연기적 해결책이 기술적 해결책보다 낫다.
114. 벌거벗은 진실을 인식하라.

무엇이 움직이면, 시선은 그것을 따라갈 것이다.

관객의 시선을 장악하기 위해서 움직이는 물체를 앞에 놓아 두어라. 이에 시선이 집중될 것이다.

관객은 아무 곳이나 볼 수 있으므로 관객의 시선을 사로잡는 일은 무대 연출의 기본 원칙에 속한다.

동시에 두 가지 물체(또는 등장인물)가 움직일 때 관객은 가장 늦게 시작한 움직임이나 가장 새로운 정보를 제공한 움직임에 시선을 둘 것이다. 움직임에 소리가 더한다면 관객의 눈은 다른 무엇이 일어난다 하더라도 움직임과 소리가 함께 있는 곳으로 향할 것이다.

빛의 변화도 눈에는 움직임으로 파악됨으로 조명은 연출가에게 관객의 관심을 장악하기 위한 중요한 도구가 된다.

96 모든 물체(대상)에는 의미가 담겨 있다.

제대로 창조된 무대 위의 세상에서는 모자라거나 남는 것은 하나도 없다. ☑ 13항 참조

"제3막에서 발사되지 않는 총은 제1막에서 벽난로 위에 걸어두어서는 안 된다."라는 체홉의 경구를 상기하자. 시각적인 기대감을 창조하지 않을 거라면 아예 설정도 하지 말라는 의미이다.

희곡작가 로물루스 린니[32]는 체홉의 견해를 더 강하게 피력했다. "무대 위의 모든 것은 작품이 전개되면서 사용되고, 태워지거나, 폭파되어 파괴되거나, 화학적으로 완전히 변해야 한다. 그렇지 않는다면 애초에 무대에 올리는 게 아니다."

97 삼각관계.

무대 위에 배우 두 명이 있으면 거기에는 단 하나의 관계만 이 보인다. 거기에 배우 한 명을 더 추가하면 최대 일곱 가지 관계를 만들어낼 수 있다. 세 명 가운데 한 쌍이 긴밀한 관계를 맺으면 세 가지 관계가 형성된다. 세 명 가운데 한 쌍이 대립관계를 맺으면 추가로 세 가지 관계가 더해진다. 게다가 세 명 사이에 그들만의 독특한 관계가 존재한다.

세 명을 찾아라. 삼각관계가 발생한다면 풍부한 극적 가능성이 열린다. 누가 누구와 대립하며 순간순간에 누가 누구와 어떻게 협동하고 충성을 쏟는지 명백한 선택을 하라. ☑ 53항 참조

넓은 공간에 배우가 몇 명 되지 않으면 그들 사이를 멀리 떨어뜨려라.

등장인물 사이의 거리는 긴장을 만들어낸다. 또한 신체적인 심리적인 조절도 가능하다.

블로킹을 만들 때, 등장인물들이 수축성이 좋은 고무줄로 서로 연결되어 있다고 설정해보라. 등장인물들이 함께 다니면 긴장은 사라지고 추적이 주는 흥미도 떨어진다. ☑ 54항 참조
정당한 이유와 방법을 동원해서 그들을 떨어뜨려서 긴장을 창조하라. 그래야 관객이 볼 만한 추적이 가능해진다.

균형을 깨면 관심을 끌 수 있다.

양쪽이 대등한 균형은 지루하다. 끊어지지 않은 직선도 지루하긴 마찬가지다. 이는 무대장치, 대도구, 배우들의 위치에도 적용된다. 형식의 엄격함, 균형, 격식 등은 어느 특정한 경우에는 극적 가치가 있지만 늘 그렇지는 않다.

무대 연출을 할 때는 대각선, 시각적인 방해, 불규칙을 적극 사용하라.

100 얼굴의 각도를 이용하라.

배우가 무대에서 관객을 정면으로 향해서 대사를 하면, 관객은 그 배우가 자기를 보며 대사를 한다고 느낄 것이다. 만일 이러한 상태를 원하지 않는다면 배우의 자세를 조금 바꾸게 하라.

배우를 일으켜 세우라.

배우를 의자에 앉히면 길고도 지루한 장면이 이어질 것이라는 암시를 주는 셈이다. 배우를 일으켜 세울 믿음직스런 구실이 있다면 그렇게 하라. (비록 상투적인 선택이긴 하지만 담배에 불을 붙이거나 술잔에 술을 따르거나 하는 행위는 이러한 목적으로 사용된다.)

102 꼼짝 않고 서 있게 하지 마라.

만일 어떤 이유로 배우를 한 자리에 그대로 서 있게 한다면 거기에는 의미와 의도가 담겨 있어야 한다. 서 있는 등장인물은 몹시 흥미롭거나 쫓아낼 만큼 관심을 끌어야 한다. 그는 절대적으로 움직이고 싶지만 그럴 수 없다든지, 하늘에 닿아 별을 딸 만큼 움직이지 않고 고요히 기다린다든지, 정적 속에 잠긴다든지 가만히 있어야 한다.

103 마땅한 이유가 있다면 앉혀라.

귀족은 의자에 앉는다. 계단에도 마루에도 상자 위에도 앉게 하지 마라. 그들은 누가 앞에 있더라도 직설적으로 말한다. 귀족들의 신분을 드러내는 것은 그들 상대역할의 반응이다. 그들은 귀족 앞에서 재빨리 사라진다. 그 반대는 분명하고 단번에 판단이 내려진다.

이러한 상대적인 반응으로 귀족적인 형태의 많은 형식을 창조할 수 있다. 어떤 이들의 영역에서는 알 카포네[33]도 귀족 대접을 받는다.

104 극적 행동에 대한 배우의 관심이 높아지면 관객의 관심도 높아진다.

하품을 하거나 관객이 바라보아야 할 곳을 바라보지 않는 배우의 시선과 같이 반응의 효과를 떨어뜨리는 표현을 주의 깊게 살펴보라.

군중이 모여 있는 장면에서 엑스트라들의 표현을 주목하라. 사소한 부주의로 중요한 관심의 초점을 흩어뜨리면 관객은 중요한 대사의 의미를 놓치게 된다.

여기에 규칙이 있다. 흥미 있고 긍정적인 청중의 반응은 말하는 사람에게 관객의 관심에 쏠려 있어야 한다. 부정적이거나 흥미가 없는 청중의 반응은 말하는 사람으로부터 관심을 빼앗아 버린다.

105 듣는 것도 적극적인 행동이다.

관객은 등장인물들이 어떻게 관객에게 받아들여지는지 알고 있다고 믿는다. 느낌은 몸을 통해서 전해지기 때문이다. "맞아, 나도 그렇게 생각해."라고 한다면 몸을 가까이 할 것이고, "아냐, 난 그렇게 생각하지 않아."라고 한다면 몸을 조금 뺄 것이다. "지금부터 입 다물 거야."라고 한다면 주저하는 반응이 몸을 꼬게 만들 것이다. 또는 앞으로 나가서 저항할 것이다. ☑ 54항, 55항 참조

106 등장인물의 반응은 소극적이거나 내향적이 아니라 적극적이고 외향적으로 드러나게 하라.

긍정: ***그러지*** 마. "Don't ***do*** that!"

부정: 그러지 ***마.*** "Oh, don't do ***that!***"

관객에게 등을 돌려라.

무대 연출에서 등장인물이 확신에 차 있거나 강인함을 보여줄 때 관객에게 등을 돌리게 하는 수가 있다. 이는 등장인물이 연극에서 처음 소개될 때나 긴 대사를 말하는 순간에는 어울리지 않는 선택이다.

108 배우에게 얼굴을 보일 기회를 주어라.

기본적인 사항이나 종종 잊어먹는다. 소품이나 대도구를 배우보다 무대 위쪽에 배치하라. 긴 촛대나 높은 탁자가 배우의 얼굴을 가리게 하지 마라.

모자도 얼굴을 가리면 안 된다. 모자를 잘 쓰는 것도 중요하지만 모자를 쓰고 고개를 조금 들어 올려서 얼굴이 잘 보이게 해야 한다.

스타일은 정당한 이유가 있어야 한다.

형식은 의미와 목적과 의도가 적용될 때 제일 잘 드러난다. 형식 자체가 목적이 되어서는 안 된다.

영국의 복고주의 시기의 연극[34]에서 궁중의 남자들은 인사할 때 두 손바닥을 들어 올려 보여줌으로써 무기를 지니지 않았음을 드러냈다. 그러나 동시에 그들은 무기가 필요하고 무기를 찾고 있으며 어딘가에 무기를 숨기고 있음을 드러내기도 했다.

여인들이 말할 때 향수를 뿌린 손수건을 흔들어대는 태도도 지독한 입 냄새를 감추기 위함이었다.

의도가 없으면 형식은 무용지물이다.

110 의상을 갈아입는 순간을 놓칠 수도 있다.

의상 디자이너 패튼 캠벨[35]은 모든 연극에는 의상을 갈아입는 순간이 한 번씩 꼭 발생한다고 말했다. 이런 주장이 의미하는 바를 정확하게 알지 못한다 하더라도 미리 준비하여 실수를 예방하는 일은 지당하다.

111 음악의 힘을 믿어라.

음악은 영향력이 커서 조금만 들려도 효과적이며 정서적 방어를 뛰어넘는다. 그러므로 연출가의 손에 음악은 관객의 정서적 경험을 안내하는 막강한 도구가 된다.

음악의 힘을 무시해서도 안 되지만, 무분별하게 마구 사용해서도 안 된다. 연출가에게 개인적인 연관이 있는 음악은 선택하지 마라. 연출가가 선택한 음악을 누군가에게, 특히 그 연출가를 싫어하는 사람에게 들려주어 그가 어떻게 반응하는지 살펴보라.

가사는 그 내용이 장면이 의도하는 바와 다른 길로 안내할 수 있기 때문에 위험하다. "관객도 연출가처럼 같은 의미로 들을까? 관객이 그 가사를 끝까지 듣기나 할까?" 등의 질문을 던져라.

112 음향효과로 무대 밖 상황을 상상하도록 안내하라.

무대 밖에서 등장인물의 소리가 먼저 들리게 하고 다음에 등장시키는 방법을 고려해보라.

113 연기적 해결책이 기술적 해결책보다 낫다.

두말하면 잔소리다.

114 벌거벗은 진실을 인식하라.

누드는 관객을 몰고 오겠지만 그 대가는 무엇인가? 진지한 연출가들이 시도하는 정직한 누드 장면도 그 장면이 지니는 취약성이나 정서적 솔직함을 제대로 표현하지 못한다.

배우의 피부가 드러나면 누드는 관객에게 의상을 입고 있는 등장인물의 세계를 앗아가 버린다. 그리고 관객을 희곡과 무관한 색정적 분위기에 빠뜨린다. 관객의 눈길은 배우들의 눈, 입, 손에서 신체의 특정 부위로 돌리거나 아니, 고정시킨다. 관객은 희곡의 내용으로부터 길을 잃어버린다.

제10장
마지막 훈수

115. 장면이 제대로 돌아가지 않으면 장면의 시작이 잘못되었을 가능성이 높다.
116. 블로킹이 문제라면 …?
117. 연기도 좋았고, 전달도 잘 되었는데도 작품이 지루하다면 …?
118. 장면 진행 템포도 잘 맞았고, 연기도 좋았고, 전달도 잘 되었는데도 여전히 지루하다면 …?
119. 지나치게 큰 목소리를 내며 등장하는 것에 주의하라.
120. 대사의 끝부분을 떨어뜨리는 배우들에게 주의하라.
121. 배우가 역할을 제대로 소화해내지 못하고 있다면 …?
122. 공연 도중에 배우가 대사를 깡그리 잊어먹었다면 …?
123. 배우가 공개적으로 대들어도 침착함을 유지하라.
124. 냉정함을 잃지 마라.
125. 행복한 사고를 중요하게 여겨라.
126. 굉장한 순간을 발견했다면 …? 다시 반복해보라.
127. 굉장한 순간을 성취했는가? 혼자만 알고 있어라.
128. 좋은 표현은 반복될 수도 없지만 되어서도 안 된다.
129. 장면 전환을 길게 끌어서 관객을 붙잡아두지 마라.
130. 비평가들을 상대할 때는 …,

장면이 제대로 돌아가지 않으면 장면의 시작이 잘못되었을 가능성이 높다.

장면이 시작되기 전에 무엇이 일어났는지 살펴보라.

116 블로킹이 문제라면…?

연출가는 스스로에게, 그리고 배우에게 물어보라. 대사에서는 등장인물이 무엇을 하라고 하는가? 등장인물은 무엇을 성취하려고 하는가?

배우들을 활용하라. 배우들이 작업에 꼭 필요하고 함께 일하고 있음을 느끼게 하여 자의식이나 진정성을 잃지 않게 하라.

117 연기도 좋았고, 전달도 잘 되었는데도 작품이 지루하다면…?

… 배우들은 이 세상의 모든 시간을 다 가진 것처럼 행동하고 있을 것이다. 그러나 실제는 그렇지 않다. 언제라도 다른 등장인물이 들이닥칠 수 있으며 장면의 흐름을 파헤치고 장면의 주도권을 쥐고 있는 인물을 좌절시킬 수 있다.

연출가는 배우들에게 이 사실을 정확하게 알려주어야 한다. ("그가 곧 나타날 거야!" "기차가 한 정거장 전 역을 출발했다니까!") 무대 위에 있는 배우들이 시간이 제한되어 있다는 사실을 알면 펼쳐지는 장면을 급속도로 빠르게 진행시키는 긴박감을 얻을 수 있다. 이와는 반대로 의도를 숨기거나 오해를 받을 만한 두려움이 없다면 행동의 템포를 늦추어 긴장감을 조성할 수도 있다.

예를 들어 배우들에게 브람스 교향곡 1번을 토스카니니의 연주로 들려준다고 생각해보자. 작곡가가 창조한 긴장감에 놀라며 최고의 속도로 연주되는 음악의 경이로움을 느낄 수 있다. 앞으로 나아가려는 움직임에 대한 저항 때문에 템포는 비교적 느리게 끝나지만, 이 곡이 느리게 느껴지지 않은 이유는 음악에서 앞으로 나아가려는 힘이 강하며 동시에 주된 선율을 방해하는 내성이나 불협화음이 흥미롭게 작용하기 때문이다.

이와 마찬가지로 연극의 모든 장면은 가능한 한 최고의 속도로 진행하려는 경향이 있다. 다시 말하지만 장면 중에는 상당히 느린 템포로 진행해야 하는 장면도 있다. 그렇기 때문에 장면의 진행을 방해하는 요소를 효과적으로 사용하면 관객 단 한 사람도 지루함에 빠지게 만드는 일은 없을 것이다.

장면 진행 템포도 잘 맞았고, 연기도 좋았고, 전달도 잘 되었는데도 여전히 지루하다면…?

… 즐거움의 요소가 빠져 있을 공산이 크다.

일상생활에서 우리는 만족스럽기 때문에 말을 하고 행동을 한다. 먹고, 마시고, TV를 시청하고, 울고, 말하기를 거부하고, 가장 좋아하는 장신구도 부수고…, 이런 것들은 만족에 이르는 길 위에 놓여 있고 우리를 기분 좋게 만든다.

무대에서도 마찬가지다. 무대 위에서 보이는 행동과 들리는 말에서 등장인물들이 만족하고 있다는 인상이 들지 않으면 공연은 외형을 모두 갖추었다고 해도 생기를 잃는다.

에디스 에반스[36]가 브랙넬 부인으로 나온 영화의 한 장면을 예로 들어보자. 이 여배우가 얼마나 탐욕스럽게 연기를 하는지, 대사 한마디조차 잘 익은 스테이크 한 조각을 잘근잘근 씹어 먹듯이 대사하는 모습은 대단했다. 스트린드베리 희곡의 황량하고 앙상한 대사라도 배우들이 의미를 제대로 전달하면서 등장인물을 만족스럽고 즐겁게 관객이 받아들이도록 만드는 게 연출가의 역할이다.

체홉의 〈이바노프〉[37]의 등장인물이 한 말을 들어보자. 주인공 이바노프는 "내가 얼마나 지루한지 알아?"라고 하지 않았다. 그는 "벽에 머리를 처박을 만큼 지루해 죽겠어."라고 말한다. 극단적인 상황에서는 극단적인 처방이 제격이다.

지나치게 큰 목소리를 내며 등장하는 것에 주의하라.

배우들이 목소리를 제일 크게 하여 고음으로 대사를 말하며 등장하면 장면이 진행됨에 따라 그들은 점점 목소리를 낮출 수밖에 없다. 장면은 진행되면서 고조되는 경향이 있는데 그럴 때 그들은 불리해진다. 희곡이 구체적으로 제시하지 않았다면 낮게 시작해서 차차 끌어올려라.

대사의 끝부분을 떨어뜨리는 배우들에게 주의하라.

대사는 마치 작품의 끝을 알리는 것처럼 들리는데 실제는 1막의 중간 정도에 머물러 있다면 문제는 심각해진다. 이런 버릇은 관객의 관심과 흥미를 급격히 떨어뜨릴 것이다.

대사에서 음정이 떨어지는 현상은 일반적으로 대본에 표시된 쉼표나 마침표가 있는 부분에서 발생한다. 이는 배우가 무대 위에서 실제로 벌어지고 있는 순간에 몰입하지 못하고 단지 대본을 눈으로만 파악하고 있다는 것을 드러내는 신호다. 만일 이런 버릇을 고치지 못하는 배우가 있다면, 대본에 쉼표(,)나 마침표(.) 대신 말줄임표(…….)가 있다고 생각하도록 안내하라.

121 배우가 역할을 제대로 소화해내지 못하고 있다면…?

… 정확하게 연기하지 못하거나, 너무 화를 내거나, 너무 소심하거나 등등 제 역할을 해내고 있지 못할 때, 배우를 대신해서 역할을 분석해주어서는 안 된다. 그를 위해서 절대로 하지 마라. 비판도 하지 마라. 효과적이며 공정하게 처리할 완벽한 방법이 있다. 단순하게 다음과 같이 말해봐라. "여기서 그 등장인물은 화나지 않았어. 아주 안정되어 있고, 확실해, 자신감이 넘치고 너무 분명해." 바꾸어 말하면 배우가 바라보는 등장인물에 대한 관점을 달리 볼 수 있도록 안내해보라는 것이다. 이는 긍정적인 연출법이고 명료함과 단순함이 쓸모가 있다.

122 공연 도중에 배우가 대사를 깡그리 잊어먹었다면…?

… 배우는 멍하니 서 있고 무대에는 찬물을 끼얹어 버렸다. 배우에게 매질을 할 것인가, 소리를 지를까, 고문해 버릴까? 아니다. 연출가는 끔찍한 경험을 하고 나온 그 배우만큼 괴롭지 않다. 그의 고충을 헤아려야 하며 격려해주어야 한다. "첫 공연이 아니라 시연회에서 그랬으니 오히려 다행입니다." "누

구나 그런 실수를 할 수 있어요. 안 그런 배우들은 지금까지 운이 좋았던 거지요." "사람이라 어쩔 수 없어요." 그러나 만일 만성적인 문제가 있다면 무대 뒤에 대본을 읽어주는 프롬프터를 배치하라.

배우가 공개적으로 대들어도 침착함을 유지하라.

물론 이런 일이 일어나면 즐겁지는 않으나, 연출가가 맞불을 지르려고 덤비지만 않으면 열에 아홉은 시간이 지나면서 자연히 해소될 만한 사소한 것에 대한 신경과민에서 비롯된 것일 경우가 많다. 열에 하나 또는 그 이상, 연출가도 잘못 판단할 수 있다. 한 가지 분명한 사실만 명심하자. 연출가는 스스로 원하지 않는 한 모욕을 당할 수가 없다. 일반적으로 대부분의 배우들은 연출가를 지지할 것이다. 그러나 필요하다면 연습을 약 10분간 쉬면서 그 상황을 지켜보라.

냉정함을 잃지 마라.

공적인 자리에서 화를 내버리면 그 순간에는 속이 후련할지 모르나 결과적으로 연출가는 바보취급 당하게 만들 것이다. 그러나 연출가가 논리적으로, 정당하게, 친절하고, 참아가며, 약간 손해를 보면서도 설득했는데도 반응이 없는 구성원에게 좋은 동기를 부여하기 위한 전술로 화냄을 선택한다면 마땅하고 올바른 방법이 될 것이다. ☑ 26항 참조

125 행복한 사고를 중요하게 여겨라.

쓰고 있던 모자를 떨어뜨린다거나 잘못 입장하는 것과 같은 실수는 때때로 중요하게 작용할 수 있다. 이는 단순한 실수가 아니라 연습이나 공연 같은 허구의 세계에서 실제로 일어나는 현실의 편린이다.

같은 맥락에서 연습 중에 조연출이나 무대감독이 어떤 배역의 임시 상대역이 될 때 그 배역은 대사나 블로킹에서 약간의 혼란을 겪을 것이다. 그러나 이러한 과정에서 그 배역은 자신이 맡은 역할에 새로움이나 핵심적인 발견을 얻을 수 있다.

이런 실수도 주목할 필요가 있다.

126 굉장한 순간을 발견했다면…? 다시 반복해보라.

행복한 사고가 발생했을 때, 연출가는 설명하지 말고 배우들로 하여금 그 장면을 다시 반복하도록 해보자. 굉장한 순간이 창조된 것은 그것으로 충분하지만 그 실수의 진정한 가치는 반복했을 때에도 나타날 수 있어야 한다.

127 굉장한 순간을 성취했는가? 혼자만 알고 있어라.

뜻밖의 실수를 지나치게 기뻐하지는 말아라. 실수를 칭찬하면 배우들을 짜증나게 만들 수 있으며, 다시는 그런 순간이 만들어지지 않을 수도 있다. ☑ 89항 참조

128 좋은 표현은 반복될 수도 없지만 되어서도 안 된다.

노련한 배우들과 함께 작업을 하다 보면 연출가는 그들이 공연의 어느 한 순간을 마치 현실에서 일어난 것처럼 보이도록 조금씩 변화를 만들어내는 것을 볼 것이다. 그러한 변화는 기대해도 되고 받아들여라. 무대 위에서 벌어지는 현실적인 삶을 순간적으로 드러내는 일과 연출가의 지시를 매 순간 정확하게 반복하는 것을 동시에 얻으려고 하지 마라.

관객이 극장을 찾는 이유는 극장에서, 무대 위에서 현재 펼쳐지고 있는 장면이 마치 실제 사건처럼 생생하게 느낄 수 있게 해주기 때문이다. 운동 경기를 관람하듯이 언제 무엇이 어떻게 벌어질지 누구도 예측할 수 없다.

이와 같은 생생하고 진실한 순간은 다소 흐트러지고, 예측할 수 없고, 경이롭고, 즉흥적이며, 위험하기까지 하지만, 반복해서 만들어낼 수 없는 것이다.

이런 모든 상황을 통제하려고 진땀을 빼기보다는 무대 위에서 배우들이 생생한 삶을 살아갈 수 있도록 최선을 다하라. 연기는 거짓이며, 통제된 허구이고, 혹은 속임수라는 오해를 불식시키는 것을 연출가의 진정한 사명으로 여겨라. 너무 꼼꼼하게 개입하지 마라. 세밀하게 관리하거나 개입해서 일을 그르치지 말고 배우들이 무대에서 생생하게 살아 숨 쉬도록 할 것인지 몰두하라. ☑ 27항 참조

장면 전환을 길게 끌어서 관객을 붙잡아두지 마라.

차라리 관객에게 휴식을 취하게 하자. 만일 장면 전환에 30초 이상 시간이 필요하다면, 객석 조명을 반쯤 넣어주자. 이러한 전환 방법이 관객으로 하여금 무대 밖에서 무슨 사고가 났는지 걱정하게 만들기보다 프로그램을 뒤적이면서 기다리게 하는 게 낫다.[38]

실제로 무대 밖에서 문제가 발생했다면 객석 조명을 밝혀서 기다리는 시간을 지루하게 만들지 말아야 한다.

130 비평가들을 상대할 때는…,

A. 배우들을 진정시키고 다음 조언을 해주자.

"어느 누구도 여러분들이 경험한 바에 대해서 여러분보다 더 깊은 이해를 가지고 있지 않습니다. 자신이 한 작업에 대해서 먼저 스스로의 견해를 정리해두세요. 앞으로 나올 비평을 대할 때 도움이 되는 것과 도움이 되지 않는 것을 구별해낼 수 있습니다."

이는 이성적인 접근이지만 배우의 자존심은 또 다른 영역에 속한다.

B. 로즈메리 클루니[39]는 조카 조지 클루니[40]에게 다음처럼 말해주었다고 한다.

"넌 말이야, 비평가들이 네가 잘했다고 한 만큼 잘한 적도 없지만 또 그들이 못했다고 한 만큼 못한 적도 없었어."

C. 연출가 마샬 메이슨[41]은 배우들에게 공연 평을 읽지 말라고 권한다.

부정적인 비평의 영향에 관심을 두지 말라는 것이다. "그녀는 사라진 역사의 한 순간처럼 베란다에 주저앉았다."와 같은 평을 읽고서 매일 저녁 같은 연기를 반복하기는 어려울 것이라고 말했다.

D. 극작가 데이비드 아브이스[42]는 다음과 같이 말했다.

"극작, 연출, 디자인, 제작, 그리고 연기의 비밀을 모두 알고 있으나 책상에 앉아서 끔찍한 평론이나 써야 하는 비평가들을 가엾게 여깁시다. 누군가 그들을 도와주어야 하지 않겠습니까?"

연출가의 첫 번째, 두 번째, 세 번째 의무는 희곡작가에 대한 의무이다. 그 다음으로 배우, 관객, 제작자, 그리고 그 다음 사람들이다.

희곡작가는 전체에게 무엇을 할지를 말하지만, 연출가는 희곡 작가의 지시를 암호처럼 풀어야 한다. 연출가가 된다는 것은 숨겨진 암호들을 해석하고 풀어야 하며 자기가 얼마나 똑똑한지 드러내지 않으면서 배우들이 관객에게 희곡을 명료하게 보여줄 수 있게 만드는 작업을 수행하는 것이다. 여러 번 반복하여 검증하고 확인하지 않는 한 작품에 손질하는 것을 금하여야 한다. 희곡에 대해 사전에 어떤 개념을 갖고 접근해서는 안 되며 새롭게 하려고 장면을 고치고 대사를 삭제하고 미리 설정한 내적 의미를 강조하기 위해서 희곡작가의 명백한 의도를 바꾸는 작업을 하지 말아야 한다.

강조하면 정직해져야 한다.

셰익스피어나 그리스 고전 희곡을 소위 현대감각에 맞추어 각색하는 시도는 기본적으로 속물근성에 기인한다. “딱 들어맞아! 그들은 우리와 똑같아!” 마치 메디아나 햄릿을 우리의 끔찍한 시대에 맞추려는 그 무엇을 발견한 듯이 외치면서 말이다. 만일 고전 공연이 그 시대에 어울리게 제대로 공연되었다면, 관객은 세기의 시대를 뛰어넘어 오늘날 우리와 별반 다를 바 없는 삶을 목격하는 의미 있고 배울 만한 시대여행을 하게 될 것이다.

새롭다는 이유만으로 새로운 것이 반드시 필요한 것은 아님을 명심하라. 그러나 오래된 것은 오랫동안 지속되어 온 옛것이기 때문에 우리의 존경과 관심을 받을 만하고 연구할 가치가 있다.

무슨 말 게임

배우들은 대부분 대사의 단어가 일반적으로 의미하는 것보다 더 나은 것을 연기해야 한다고 느낄 때 우울해진다. 같은 말을 하면서도 생각은 달리 할 수 있다. "아, 내가 천한 종놈보다 얼마나 한심한 놈인가!" 하고 햄릿이 자신을 탓하고 있을 때, 관객은 다음에 무엇이 일어날지를 그 대사로부터 얻어내려 할 것이다. 연기란 바로 이렇게 말하지 않은 것을 느끼게 해주는 것이다.

연출가 "**메리**가 **작은 양**을 **가졌네**,"를 읊어줄래요?

배우 메리가 작은 양을 가졌네
양털은 눈처럼 희었지
그리고 메리가 가는 곳마다
양은 쫓아갔다네

연출가 다시 한 번 부탁해요.
이번엔 내가 이해 못하는 부분에서 당신을 멈출게요.

배우 메리가…

연출가 누구가?

배우 **메리**요. **메리**가 작은 양을 가졌네…

연출가 그녀가 아직도 양을 가지고 있나요?

배우 네.

연출가 그럼, 메리가 **양**을 가지고 있네.

배우 아뇨. 메리가 작은 양을 **가졌어요.**

연출가 누가 가졌다구요?

배우 **메리**가 작은 양을 **가졌네.**

연출가 중간 정도 크기의 양이요?

배우 작은 양….

연출가 작은 뭐?

배우 **작은 양**이요.

연출가 처음부터 해보세요.

배우 **메리**가 **작은 양**을 **가졌네**
양털은 눈처럼 희었지…

연출가 양털이 뭉쳤나요? 젖었나요?

배우 아뇨, 탄력있어요.

연출가 다시 해봐요.

배우 메리가 작은 양을 가지고 있네

연출가 가지고 있네인가요?

배우 **메리**가 **작은 양**을 **가졌네**
양털은 눈처럼 희었지…

연출가 얼마나 희었다구?

배우 눈처럼 **희었지**…

이렇게 계속된다.

'무슨 말 게임'의 효과는 오래된 그림 액자를 청소하는 것과 같다. 먼지에 쌓인 보물을 닦아내는 것이다.

배우들은 "연출가께서는 모든 단어를 강조해달라는 것 같아요" 하면서 이런 연습을 시작하는 걸 싫어한다.

"대사 절반을 중얼중얼거리는 것보단 낫지요."

그럼에도 배우들은 곧 그 가치를 발견하게 될 것이다. 꾸준한 연습과 상식이 과도한 강조를 조절해줄 것이다.

'무슨 말 게임'은 배우들이 조용히 또는 공개적으로 서로 연습할 수 있다는 장점을 가지고 있다.

적과 동지

보이지 않는 관객

우리는 나의 행동을 말없이 지켜보고 있는 보이지 않는 관객을 한 명 정도 데리고 산다. 그 사람은 우리가 재치 있고 통쾌하게 주의를 끌면 만족스러워 한다. 그는 우리가 만든 적절한 익살에 조용히 웃어준다. 그러나 부정을 거스르지 못하는 발언에는 반기를 든다.

공연에 출연하는 등장인물도 종종 이러한 관객에게 연기를 보여주는데 어쩔 때는 거의 인식도 하지 못하면서 그러한 연기를 한다. (〈갈매기〉의 트리고린[43]의 경우.) 때로는 뻔뻔스럽게 연기하기도 한다.(말볼리오[44]는 그의 보이지 않는 숭배자 관객의 박수에 연기에 방해를 받곤 하는데, 우리의 숨은 관객도 우리에게 동의하지 않듯이 그의 숭배자도 결코 그에 동의하는 것은 아니다.) 리어왕도 늘 그의 숨은 관객이 수행비서가 되어서 어느 딸도 아버지의 종말론적인 행동을 억제하거나 부추길 수도 없다.

억지스럽게 들릴지 모르겠으나, 마거릿 대처[45]를 본 사람이라면 그녀가 수상으로 재직하던 말년에 추구한 정책에 대해서 열광적으로 외쳐대는 숨은 숭배자 관객이 내지르는 소리를 들었을 것이다. "잘했어, 매기[46]!", "매기, 바로 그거야!", "제대로 보여줬어, 매기!"

주체와 객체

어떤 사람들은 무리 가운데 주체적인 역할을 한다는 전제를 받아들이자. (군주나 백성을 지배하는 '주체'의 의미가 아닌 문장의 주어를 의미하는 '주체'로 받아들여도 된다.) 주체적 역할을 하는 사람은 지배적이다. 규칙을 만들고 행동을 규정한다. 행동을 규정하는 동사는 그들의 몫이다. 무엇보다도 그들은 일반인들이 바라보는 대상이다. 다른 이들은 객체적 역할을 맡은 인물이다. 그들은 무얼 따라야 하는지 어떻게 행동해야 하는지, 다른 이들의 의지에 맞추는지를 알고 있다. 바라봐야 하는지 어떻게 행동하며 다른 이의 의지에 맞추는지를 알고 있다. (물론 우리는 우리가 상대하는 인물이, 예를 들어 신문배달원인지 전 교장선생님인지에 따라서 그때마다 주체와 객체의 역할을 바꾼다.) 이를 연극에서 주연과 조연의 역할로 이해해보자.

공연에서는 한 인물이 다른 인물에게 조연의 역할을 강요할 때 잠재적인 추진력이 발생한다. 조연을 맡은 인물은 주연이 말을 마치기 전까지 기다려야 한다. 주연이 말을 할 때는 조연은 주연을 바라보도록 시선을 바꾸는 것을 의미한다. 주연은 말하는 동안 움직이면서 조연이 그의 말을 듣도록 쫓아다닌다. 그렇게 해서 조연은 주연이 말하는 것을 알아들어야 한다. 특히 어떤 경우에는 주연은 조연을 무기력하게 만들고 결과적으로 부끄럽게 만들어서 결과적으로 조연은 주연이 원하는 바를 행하게 된다.

그가 원하는 바를 하게 만든다. 주연은 절대로 부끄러워하지 않는다. 그는 죄책감을 느낄지언정 억누를 수 있으므로 수치심은 느끼지 않는다.

좋은 예는 이아고가 오셀로를 주체(지휘하는 장군이며 사랑의 성취자)에서 객체(끔찍하게도 모두가 그를 바라보고 비웃는다는 것을 알아차리는 인물)로 만들어 버리는 데서 찾을 수 있다. 일단 오셀로가 "딴 사람들이 어떻게 생각할 것인가?"에 근거를 두고 행동한다면 그는 더 이상 그 자신의 주인공이 아니다. 이아고가 그를 야금야금 파괴해 버리고 만다.

단순함, 다양함, 그리고 명쾌함

단순함

존 길거드[47]는 젊은 배우들에게 단 한마디 충고만 해 주었다. "긴장을 풀어라."

여기에 규칙이 있다. 믿지 말라는 특별한 이유가 주어지지 않는 한 관객은 대본에 적혀 있는 것을 믿는다.

과장된 연기는 나쁜 연기와 마찬가지이다. 형편없는 공연은 일반적으로 배우가 지나치게 연기하는 공연이기 때문이다. 지나친 연기는 관객에게 너무 많은 것을 설명하거나 과시하는 경우에 드러난다.

지나친 연기를 할 때 배우는 정확하지 않은 표현을 만들고 가상의 상황에서 오류를 드러낼 기회를 많이 만든다.

과다한 행동은 넘치는 노력이 믿을 수 없는 것이라는 사실을 드러낸다. 관객을 의심하게 만든다. "저 배우는 무엇을 보상받으려 저러지?", "그 배우가 숨기려는 게 뭘까?", (그런 배우들의 상대 역할이 그런 행동을 뒷받침해주지 못할 때—그렇게 연기하라고 대본에 담겨 있지 않으므로—관객은 무대 위에 올라간 배우들을 모두 바보라고 여기게 된다.)

관객이 믿지 못하는 기회를 적게 만드는 게 배우에게 더 나은 것이다.

그래서 연출가는 배우에게 긴장을 풀고 단순하게 연기하고 감히 적게 행동하라고 지시해야 한다. 훌륭한 배우들을 관찰하여 그들이 얼마나 적게 행동하는지, 얼마나 적게 노력하는지, 그래서 여유있는 올바른 행동을 선택하는지를 알아차려 보라고 충고하라. ☑ 66항 참조 좋은 배우는 단순해질 수 있으며 동시에 언제나 일관되고 흥미를 유지하는 배우이다. 배우들에게 이러한 장점을 길러주도록 해라. ☑ 128항 참조

다양성

다른 말로 설명하자면, 다양성은 스토리텔링의 중요한 요소다. 아이들에게 동화를 들려줄 때 서로 상반되는 표현과 다양하고 풍성한 제스처를 사용하면 분위기를 사로잡는다.

일반적으로 우리 대부분은 상당히 단조롭게 말한다. 배우는 행동, 움직임, 걸음걸이를 다양하게 표현할 수 있듯이 말의 속도, 성량, 말투의 높낮이 등에 다양성을 주어서 말의 의미를 관객에게 전달해야만 한다.

이러한 역량을 키우기 위한 연습으로 배우들에게 '무슨 말 게임'을 하게 해보라. ☑ 부록 1 참조 배우들이 싫어하더라도 다른 대안이 없다.

다양성에도 한계는 있다. 이를테면 배우들은 "에잇! 에잇!" 이나 "이리 와, 이리 와"같이 반복되는 말을 각각 다르게 말하려 하지 않을 것이다. 그런 표현에는 다양성은 필요없고 단지 하나의 충동만 있을 뿐이다.

명확함

그럼 단순함인가 다양성인가? 여기 소개하는 실험은 명쾌함을 위한 실험이다. 만일 배우가 처한 연기 상황에서 다양함이 의미를 분명하게 하고 의미를 더해주고 관객을 흥미롭게 만든다면 다양성을 선택하라. 그런데 표현이 판단을 어렵게 만들고, 복잡하고, 관심을 분산시킨다면 단순함이 바른 선택이다.

많은 관객들이 작품의 내용을 따라가지 못할 때 스스로를 탓한다. 관객은 명확함을 과소평가한 연출가의 작품이나 "관객이 이해하지 못하면 수준 높은 예술이어서 그렇다."는 명제를 증명하려는 작품을 대할 때 스스로 물러선다.

어떤 인물이나 생각이 어렵게 받아들이는 것만큼 비례해서 중요하다고 인정받을 거라는 생각은 '어려운 건 중요한 것'이라는 감상적인 생각에서 비롯된다. 고통을 받았던 천재의 역사적 전례가 있긴 하지만, 자신의 솜씨를 드러내기 위해서 관객을 고의적으로 혼란스럽게 만드는 연출가는 절대로 관객을 제 편으로 끌어들일 수 없다. 혼란에 빠진 관객은 아마 영원토록 연출가의 의도를 알아내지 못할 것이고, 결국 연극과 예술은 그들의 것이 아니라고 판단할 것이다.

이것은 범죄다!

의미하는 바는 · meaning it

영어에서는 오직 한 가지 강조어가 있다. 단어 'fuck'이다. 배우가 독백을 하는 것을 들어보자.

아! 나는 얼마나 한심한 놈인가!

그가 정말로 한심한 놈이란 점을 강조하면서 스스로 모멸적인 의미를 덧붙이도록 경멸스러운 단어를 넣어보도록 하자. 그 대사에 영어에서 'fucking'에 해당하는 우리말 욕설을 한 마디 집어넣도록 해보자.

오! 나는 얼마나 ***x같이*** *한심한 놈인가!*

그 단어가 자기 연민을 넘어서서 정말 화가 나고, 정말 스스로를 경멸하는 이미지를 만들어내는 걸 들어보면 강한 인상을 줄 뿐 아니라 실제로 의미가 강화된다.

공연에서 이 단어를 대치할 수 있는 표현이 있을까?

없다!

이 모든 것에 한 차원 다른 것이 잠재되어 있다. 관객에게 전달되는 독백이든지, 장면 안에서 한 등장인물의 내면에 한정되든지 간에 겉으로 드러나는 대화 안에서 실제로 이루어지는 대화이다.

대사에는 등장인물 이외의 다른 '내'가 목소리를 내는데, 내면에서 일어나는 수많은 생각과 가까운 잔소리, 비난, 고발 같은 것들이다.

다른 나　　야, 너 자리에서 일어나.

반대편에는 항상 '나'의 목소리가 있다. 스스로를 정당화시키며 분개하는 목소리를 가지고 말이다.

나　　5분만 더 자고….
다른 나　　넌, 맨날 그러더라. 또 지각할래?
나　　말도 안 돼. 한 번도 늦은 적 없어!
다른 나　　웃기고 있네. 넌 갈아입을 옷도 없잖아…

이런 대화를 분명하게 만들려면 실제 대사에서 목소리 두 가지가 들리게 해보라. 원래 대사에서 대명사를 바꾸고, 곳곳에 'fucking'이란 단어를 집어넣어 대사를 만들어보라.

다른 나　　그런데 ~~나는~~, 넌 말이야, 한심하고, 용기 없는 놈. **×같은** 몽유병자처럼 방황하며, 복수 계획도 세우지 않고, 그저 ~~아무~~ **×같이** 말도 못하고,
나　　누가 날 악당이라고 부르고 뺨이라도 한대 갈겨주면 좋겠다.
다른 나　　**날 널** ~~그렇게~~ **×같이** 모욕해도 받아들일 수밖에

없다.
난 넌 비둘기 간을 가진 소심한 놈,
압박을 더 쓰라리게 만들어서….

—〈햄릿〉 2막 2장에서

만일 정말로 확신에 차서 말한다면, 대사는 등장인물과 대항하여 내면으로 향하는 분노와 경멸의 진정한 음색을 지닐 것이다.

추천 도서

연출을 진지하게 전공하는 학생이라면 누구든지 모든 것들, 사전, 문학작품, 조약문, 신문, 과자 겉봉지의 내용 등등을 제대로 읽어내야 한다. 영감의 세계를 채굴하는 습관을 들여라. 물론 기본적 텍스트들, 아리스토텔레스의 〈시학〉, 스타니슬랍스키의 3부작, 〈배우수업〉, 〈성격구축〉, 〈역할창조〉를 빼놓아서는 안 된다. (거기다 리차드 볼레슬랍스키의 〈연기: 첫 여섯 레슨〉[48]도 기억하라.)

여기에 몇 가지 추가적인 제안이 더 있다.

A Sense of Direction: Some Observations on the Art of Directing.
William Ball.
Drama Book Publishers, New York, 1984.
ISBN : 0-89676-082-0

평생을 연출에 종사한 저자의 교훈들. 권위 있고, 사려 깊고, 이해하기 쉬우며 실용적이다.

Elia Kazan: A Life.
Elia Kazan.
Anchor Books, Doubleday, New York, 1989.
ISBN : 0-385-26103-9

위대한 연출가의 삶과 경력의 비화秘話를 담았다.

정직하고 가치 있는 관찰로 가득 차 있음. 독자의 판단을 위한 무삭제판.

On Directing.

Harold Clurman.

Collier Books, New York, 1972.

ISBN : 0-02-013350-2

가장 존경받는 미국의 연출가 가운데 한 사람이며 카잔의 멘토였던 그는 연습과정과 연출기술을 상세히 설명해 놓았다. 연출가의 권위와 책임의 핵심을 이해하는 데 도움이 되는 용어들, 희곡의 '중추spine', '관통하는 행동through action', '큰 문제super problem' 또는 주된 행동main action' 등을 서로 상이한 의미의 차이를 정확하게 조율하며 쉽게 설명하고 있다.

Brewer's Dictionary of Phrase and Fable, 16th edtion.

Ebenezer Cobham Brewer, Adrian Room, Terry Pratchett.

HarperCollins, New York, 2000.

ISBN : 0-06019-653-X

귀한 참고 서적. 신화나 종교, 문학 작품의 참고문헌을 소개함.

Envisioning Information.

Edward R. Tufte.

Graphics Press, Cheshire, Connecticut, 1990.

ISBN : 0-9613921-1-8

Visual Explanations.

Edward R. Tufte.

Graphics Press, Cheshire, Connecticut, 1997

ISBN : 0-9613921-2-6

연출가의 기술은 굉장히 시각적이다. 이 저술은 시각적 생각에 대한 바이블과 같은 책으로써 저자는 세계적으로 앞서 나가는 정보 디자이너 가운데 앞서 나가는 분이다. 효과적인 시각적 의사소통뿐만이 아니라 뛰어난 예들을 보여주고 있다.

Picture This: How Pictures Work.

Molly Bang.

SeaStar Books, New York, 1991, 2000

ISBN : 1-58717-030-2

형태, 색깔, 모양 들이 무엇을 의미하는지를 탐색하는 과정을 즐기게 만들고 깨우치게 만드는 책. 어떤 연출가들에게도 도움을 주는 고마운 책.

Mastering the Techniques of Teaching, 2nd edtion.

Joseph Lowman.

Jossy-Bass, San Francisco, 1995

ISBN : 0-7897-5568-X

넓게 보아 연출가는 교사이다. 훌륭한 교사는 대부분 연극작업 과정의 중요성을 인식하고 있다. 모든 좋은 선생님은 극화하는 것의 중요성을 알고 있다. 이 뛰어난 책은 교육과 연극작업 과정의 관련성과 그 이상의 것들을 다루고 있다.

A Pattern Language.
Christopher Alexander, Sara Ishikawa, Murray Silverstein, et al.
Oxford University Press, New York, 1997
ISBN : 0-19-501919-9

연출작업에 직접 활용할 수 없을지라도 주관적 영역에 속하는 것에서 객관적인 표준을 발견하고 체계화하는 데 관심이 있는 이들에게는 필독서이다. 건축 디자인에 새로운 세계를 구축하는 이 책은 지난 세기에 펴낸 책들 가운데 위대한 책에 속한다.

Stage Directors Handbook, 2nd edtion.
Stage Directors and Choreographers Foundation, edited by John P. Bruggen and Miloscia.
Theatre Communications Group, New York, 2003
ISBN : 1-55936-150-6

연출 경력을 쌓고 싶은 이들에게 이해력 높은 자료를 제공한다.

www.sdcfoundation.org를 찾아보자.

나는 여러 훌륭한 선생님들께 배울 수 있는 영광과 기쁨을 얻었다. 프랭크 하우저 선생님은 공동 집필자이며 동시에 나의 정신적 지주이다. 간접적으로나 직접적으로나 나는 그에게 여기에 담겨 있는 가르침의 대부분을 빚진 셈이다. 프랭크 선생님께서 내게 주신 신뢰, 친절함, 지혜, 겸손함, 관대함에 깊은 감사를 표한다.

내게 연극에 대한 이해와 기술을 습득하게 해주신 다른 선생님으로는 로빈 와그너, 하워드 스테인, 아틀 스프라울, 노먼 R. 싸피로, 마크 라몬트, 오스틴 퀴글리, 스티븐 필립스, 에드워드 페터브릿지, 마샬 메이슨. 제프 마틴, 데이빗 매밋, 테드 로렌즈, 로물루스 린니, 재크 레비, 알렉스 킨니, 피터 제프리스, 몰 하트, 이메로 피오레티노, 마이클 페인골드, 론 아이레, 패튼 캠벨, 타냐 베레진 그리고 노먼 아톤 등이다.

책의 출판에 전문가적 기술로 도움을 준 분들께도 특별히 감사의 말씀을 올린다. 이반 벗츠는 법률 자문을, 스티븐 리브리노, 제인 슬로틴, 조 위트와 제프 마틴은 창조적인 안내를, 표지 디자인에 줄리아 라이히, 로빈 넬슨, 제프리 콘, 매튜 케인, 리 케인, 게일 굿맨, 윌리엄 가니스, 캐런 핑클, 존 앨버트는 창조적 공헌을, 코니 파울은 자료 조사를, 제리 잭스, 로빈 와그너, 이안 맥켈런 경, 마크 라모스, 로즈메리 해리스, 루퍼트 그레이브스, 리차드 아이레 경, 주디 덴치 경(Dame), 마크 카프리, 애드워드 올비는 이 책의 집필을 지지해 주었고, 펭귄 출판사의 브라이언 테일러, 니나 테일러, 마이클 모리스는, 편집과 서평 작업을 도왔으며, 루퍼트 그레이브스, 수지 그레이브스, 에릭 하우저, 로렌스 하보틀, 아얄라 하스, 패브리지오 알메이다, 캐롤라인 샌즈, 클레이톤 필립스, 토비 로버트슨, 엘렌 노박은 책의 탄생에 다양한 공헌을 해주었다.

초고를 읽고 좋은 지적과 제안으로 책 내용을 풍성하게 해준 조 위트, 조안나 스미쓰, 제인 슬로틴, 난 새터, 스티븐 리벨리노, 제프 마틴, 제프리 콘, 레베카 프리드만, 제인 커민스, 토니 캐스트리그노에게 심심한 감사를 드린다.

내게 영감을 주고 격려를 해주신 많은 분들의 고마움을 잊을 수 없다. 조엘 와쇼우스키 박사, 쥴리 로빈스, 조엘 니산, 필리스 블랙맨, 알리사 애들러, 데이빗 스엔슨, 탐 스트로델, 샨다 스틸스, 사라 스틸스, 데이빗 스몰라노프 박사, 앨린 스몰라노프, 제인 스키메카, 쿠르트 술츠 박사, 게리 라이히, 에블린 라이히, 매튜 라이히, 말라 라이히, 조단나 라이히, 에단 라이히, 댄 필리스, 가다 파커, 게리 오스트로우 박사, 존 오펜하이머, 로우렌 뉴먼, 빅토리아 맥긴니스, 웬디 밀러, 아일린 맥칸, 브랜디 맥칸, 블레인 루카스, 데비 란도, 알란 카벤, 로니트 카벤, 브래들리 헐리, 리사 헐리, 셀레 헨드릭스, R. 글렌 헤셀 박사, 마이크 그린, 그레그 고에티우스, 발 고에씨우스, 스콧 피첸, 마우린 피첸, 패트릭 에드워드, 조던 디미트라코프 박사, 미셸 커틀러, 알란 커틀러, 니콜 바넷, 데이빗 발, 파라 브렐비 님께 감사드린다.

번역을 마치고

지리산과 섬진강이 보이는 구례를 거쳐서 충북 영동 산골로 내려온 지 3년이 지났습니다.

전통적 방법으로 밭농사 짓는 법을 배워가며 땀 흘리며 일하는 행복을 느낍니다만, 지난 세월을 보냈던 강의와 연출작업의 순간들이 문득문득 떠오릅니다. 그런 순간들을 곰곰이 되새겨 보다가 내 작업들을 미처 정리하지 못했구나 하는 자각도 들었습니다.

공부하며 연출할 때 참고하던 책과 강의노트, 연출메모를 정리해 보았습니다. 학생들, 배우들, 디자이너, 스태프들과 늘 함께 있을 때는 내가 알고 있던 것들이어서 언제든지 현장에서 드러낼 수 있던 것들도 멀리 있자니 전달이 쉽지 않아서 아직 정리하지 못한 것들이 아쉽게 여겨지는 것이었습니다. 시간을 내어 공부를 다시 시작했습니다. 그 첫 작업이 이 책의 번역입니다.

〈통쾌한 연출노트〉는 그야말로 연극공연의 창작 현장에서, 특히 연출과정에서 일어나는 연습과정의 세세한 지침들로 가득합니다.

"130 가지 실천 지침"이라는 부제가 어울립니다. 연출공부를 하고 싶은 마음을 먹은 이들, 연출작업을 시작한 분들, 연출을 가르치는 분들, 연출작업과 다른 공연 요소의 관계를 제대로 파악하고 싶은 분들께 도움이 될 것입니다.

문화적 차이를 넘어서, 이해와 소통을 이루는 일이 번역작업입니다. 이해를 위해서 역자의 주를 미주로 달았습니다. 색인 작업도 우리의 창작 현장에서 나오는 용어로 바꾸어 꾸몄습니다.

교직에서 은퇴 후에도 책을 내도록 격려를 해 준 가족, 아내 용주와 두 딸 현임과 지예에게 출간의 기쁨을 함께 합니다. 어려운 출판 환경에서도 연극의 좋은 환경을 조성하려고 애쓰는 〈연극과인간〉의 박성복 사장님과 출판부 모든 이들, 그리고 이 책으로 나와 함께 연출공부를 했던 연극원 연출과 대학원생들에게 고마움을 전합니다.

십여 년 전에 번역한 〈통쾌한 희곡의 분석〉과 짝을 이루면 좋을 듯하여 시리즈처럼 읽히도록 책제목도 바꾸었습니다. 부디 독자들이 창작의 현장에서 이롭게 쓰기를 희망합니다. 고맙습니다.

영동에서
2021. 11.
초부 김석만

주석

1 Alec Guinness(1914~2000) 〈콰이강의 다리〉, 〈아라비아의 로렌스〉, 〈닥터 지바고〉, 〈인도로 가는 길〉 등등 데이비드 린 감독의 영화에서 열연하였다. 웨스트 엔드와 올드 빅의 연극무대에서도 활약을 한 영국 배우.

2 Richard Burton(1925~1984) 영국 배우. 연극무대에서는 햄릿 역할로 로렌스 올리비에의 계승자로 알려지기도 하였다. 엘리자베스 테일러와 결혼하고 이혼하기를 반복하였다.

3 Judi Dench(1934~) 영국 연극무대에서 대단한 활약을 한 영국 배우. 〈셰익스피어 인 러브〉(1998)에서 엘리자베스 여왕 역할로 아카데미 여우주연상을 받았다.

4 Ian McKellen(1939~) 연극과 영화에서 두드러진 역할을 한 영국 배우. 〈반지의 제왕〉에서 간달프 역을 맡았다.

5 West End. 런던의 중심부 서쪽 구역에 있는 번화가. 관공서, 금융기관과 극장, 영화관이 모여 있는 상업지구.

6 Chichester. 영국 남동부 서부 서섹스 카운티의 주도. 영국 성공회 주교좌 성당과 많은 대성당이 있다. 풍부한 역사 유적 등 관광 자원이 풍부한 관광도시이며 매년 7월에 공연과 음악축제인 치체스터 페스티벌이 열린다.

7 Francis Bacon(1909~1992) 아일랜드 태생의 영국 화가. 사물이나 인물을 있는 그대로 거칠면서도 불안한 이미지를 드러내는 작품으로 이름이 난 화가.

8 희곡마다 중심질문이 있다. 중심질문은 주인공의 행동을 일관성 있게 유지하게 해 준다.

9 행동은 목적을 지니고 행하는 행위를 말한다. 악수를 하거나 먼 산을 바라보거나 하는 단순한 신체적 행위와 구별하여 이해하여야 한다. 영어에서 activity는 행위로, action은 행동으로 이해하자.

10 Arthur Miller(1915~2005) 미국의 희곡작가. 대표작 〈세일즈맨의 죽음〉(1947)으로 퓰리처상을 받았다.

11 Edward Albee(1928~2016) 미국의 희곡작가. 대표작 〈누가 버지니아 월프를 두려워하랴?〉(1963)로 토니상 및 토니 평생공로상을 받았다.

12 〈The Lion King〉. 1994년에 월트 디즈니가 제작한 음악영화를 바탕으로 1997년에 발표한 뮤지컬. 로저 앨러스(Roger Allers, 1949~)와 아이린 메치(Irene Mecchi, 1949~)가 대본을, 팀 라이스(Tim Rice, 1944~)가 가사를, 엘튼 존(Elton John, 1947~)이 음악을 맡았다.

13 Julie Taymor(1952~) 미국의 연출가. 뮤지컬 〈라이언 킹〉을 연출하고 의상 디자인도 맡았다. 〈라이언 킹〉으로 토니상에서 최고 연출상과 의상 디자인상을 받았고 전 세계에서 70개가 넘는 예술상을 받았다.

14 Saint Joan. 〈성 요한나〉는 영국 극작가 조지 버나드 쇼(George Bernard Shaw 1856~1950)의 작품으로 15세기에 영국의 침략을 받은 프랑스에서

나라를 구한 애국 소녀 잔 다르크(Jeanne of d' Arc, 1412~1431)의 재판을 다룬 희곡이다. 버나드 쇼는 잔 다르크가 1920년 성 요한나(Saint Joan)로 가톨릭교회로부터 성인으로 축복을 받자, 3년 후인 1923년에 희곡을 썼고 1925년에 노벨 문학상을 받았다. 버나드 쇼는 잔 다르크가 재판에서 옳다고 생각한 대로 행동했음을 강하게 피력하였다.

15 Bill Cosby(1937~) 미국의 코미디언.

16 Harold Clurman(1901~1980) 미국의 뉴욕에서 체릴 크로포드(Cheryl Crowford, 1902~1986)와 리 스트라스버그(Lee Straberg, 1901~1982)와 함께 그룹 씨어터(Group Theater, 1931~1941)를 창립한 연출가, 비평가, 연극운동가.

17 Elia Kazan(1909~2003) 그리스 태생의 배우, 연출가, 영화감독, 제작자. 브로드웨이와 할리우드에서 뛰어난 작품을 연출하였다. 그리스 이름은 일리아스 카잔조글루. 1950년 초 미국에서 매카시즘(McCarthyism, 1950~1954)의 광풍이 일었을 때 매카시 상원의원에 조력하여 동료 예술가들에게 불리한 증언을 하였다는 구설에 휘말렸다. (영화 〈트럼보(Trumbo)〉 참조.)

18 Lloyd Richards(1919~2006) 캐나다 태생의 미국 배우, 연출가. 예일대학교 연극대학원 원장을 지냈다.

19 Ronald Eyre(1929~1992) 영국의 배우, 극작가, 연출가.

20 French Scene. 전기 조명이 무대에 없던 시절, 장면은 조명이 켜지면서 시작하고 조명이 꺼지면서 끝나기보다는 등장인물의 등장으로 시작하고 퇴장으로 끝났다. 19세기 프랑스에서 유행한 연극의 장면이 이렇게 구성되어서 '프렌치 씬'이란 이름이 붙었다. 입센의 희곡은 대부분 '프렌치 씬'의 장면 구성을 갖추고 있다.

21 〈시작, 중간, 끝〉. 아리스토텔레스의 〈시학〉 7장에 다음과 같은 표현이 나온다. "… 비극은 완전하고 전체적이며 일정한 규모와 행동을 모방하는 것이다. 왜냐하면 크기가 작으면서도 전체적인 사물이 있을 수 있기 때문이다…" 시작이란 장면이나 작품의 첫 부분이기 때문이 아니라, 비로소 무엇인가 극적 행동이 발생한다는 의미의 시작이며, 끝은 장면이나 작품의 마지막 부분이기 때문이 아니라, 발생했던 극적 행동이 복잡한 진행과정(중간)을 겪고 나서 드디어 종결된다는 의미로 끝을 의미한다.

22 반복 학습은 배운 것을 잊지 않기 위해 몹시 중요하다. 뇌과학자들은 반복 학습의 효과를 높이기 위해서 지금 배운 것을 일주일 안에 최소 여섯 번 반복하여 학습하라고 권한다. 여섯 번이란, 1) 지금, 2) 10분 후, 3) 30분 후, 4) 1시간 후, 5) 24시간 후, 6) 일주일 후를 의미한다.

23 Blocking. 연극에서 블로킹이란 무대에서 배우의 등퇴장, 위치, 움직임을 의미한다. 블로킹은 작은 표현의 단위를 블록이라고 표현하고 그 표현의 단위들이 입체적으로 또는 리듬과 템포를 갖도록 만드는 연출과정에서 몹시 중요한 과정이다. (〈인간의 마음을 사로잡는 연출〉 김석만 저, 풀빛, 2013. 제3부 5장 "블로킹과 무대형상화" 참조.)

24 Lenin(1870~1924) 러시아의 혁명가, 정치가, 정치이론가. 소비에트 러시아를 마르크시즘과 레니니즘에 바탕을 둔 하나의 정당이 지배하는 나라로 만들고 1917년부터 1924년까지 다스렸다.

25 David Mamet(1947~) 연극, 영화, TV에서 다재다능함을 보여주고 우수한 희곡을 쓴 미국의 극작가이며 연출가, 저술가. 〈글렌게리 글렌 로스(Glengarry Glen Ross)〉로 1984년 퓰리처상을 받았고 1992년 영화로 만들 때 직접 시나리오를 썼다. 〈올리아나〉, 〈아메리칸 버펄로〉를 썼고, 〈한니발〉, 〈왝더독, wag the dog〉 등의 시나리오를 썼다.

26 Blocking. 장면에서 등장인물의 등퇴장, 무대에서 위치, 움직임을 정하는 작업. (주 23 참조.)

27 Paul Newman(1925~2008) 말론 브란도, 제임스 딘과 함께 1950년대부터 이름을 날린 미국 영화배우. 예일대학교 연극대학원에서 연기를 전공했다. 1987년 〈컬러 오브 머니〉로 아카데미 남우주연상을 받았다.

28 Elisabeth Bergner(1897~1986) 오스트리아 태생의 영국 배우. 영국 희곡작가 마가렛 케네디(Margaret Kennedy, 1896~1967)가 그녀를 위해 쓴 희곡 〈절 버리지 마세요(Escape Me Never)〉에서 젬마 역을 맡아 유명해졌다.

29 Jack Lemmon(1925~2001) 미국의 배우, 가수. 수많은 영화에 출연하였고 아카데미 조연 및 주연상을 수상했다. 〈뜨거운 것이 좋아〉(1959), 〈이상한 부부〉(1948, 1998), 〈밤으로의 긴 여로〉(1987) 등에 출연했다.

30 Edward Petherbridge(1936~) 영국의 배우, 작가. 영국 '왕립 셰익스피어 극단'에서 활동했다.

31 Jay Leno(1950~) 미국 텔레비전 배우. 1992년부터 2009년까지 NBC 방송사에서 〈제이 리노와 함께 하는 투나잇 쇼〉를 주관했다.

32 Romulus Linney(1930~2011) 우리에게는 잘 알려지지 않았으나 미국에서는 활발한 활동을 한 미국의 희곡작가, 소설가, 오페라 대본작가.

33 Al Capone(1899~1947) '스카페이스-상처 난 얼굴'이란 별명으로 이름난 미국의 조폭 두목. 미국의 금주법 시대(1920~1933)에 시카고 마피아를 장악하여 위세를 떨쳤고 금주법 시대가 지나자 우유 사업에 손을 대어 냉장차 운영 등 배급체계에 개선을 가져오기도 했다. 폭력, 살인, 방화 등 수많은 범죄를 저질렀으나 정치세력을 등에 없고 법망을 피하다가 금주법 시대가 끝날 즈음 탈세혐의로 체포되어 8년 복역 후에 은퇴하였다.

34 Restoration Drama. 영국에서 1660년부터 1710년의 시기를 왕정복고 시기라고 부르는데 이때 수많은 희극작품이 무대에 올랐다. 이 왕정복고 시기 바로 전에는 약 18년 동안의 청교도 통치 시기가 있었는데 이때는 연극은 공연할 수 없었다. 왕정복고가 되면서 영국 연극은 르네상스를 맞았다.

35 Patton Campbell(1926~2006) 미국 브로드웨이와 영화에서 활약한 의상 디자이너. 〈맨 오브 라만차〉(1965), 〈펜잔스의 해적들〉(1977) 등의 공연에서 의상 디자인을 맡았다.

36 Edith Evans(1888~1976) 백 편이 넘는 연극에 출연한 경력이 있는 영국

여배우. 아일랜드 태생의 오스카 와일드(1854~1900)의 〈진지함의 중요성(The Importance of Being Earnest)〉에서 브랙넬 부인(Lady Bracknell) 역을 맡아 열연하였다.

37 Ivanov. 안톤 체홉이 1887년에 발표한 4막 희곡. 단 열흘 만에 완성한 희곡으로 첫 공연은 무참히 실패하였다. 본인도 만족을 못하고 2년에 걸쳐 개작하여 1889년에 다시 무대에 올려서 큰 성공을 보았다. 이 작품 이래 체홉의 희곡 스타일이 정립되었다는 말을 듣는다. 참고로 〈갈매기〉도 1896년 첫 발표 공연에서 처참한 실패를 맛보았다. 그러나 네미로비치 단첸코의 제작과 스타니슬랍스키의 연출로 1887년 공연에서 대성공을 거두었다.

38 실제로 시간이 많이 걸리는 장면 전환을 처리하는 방법으로 장면 전환이 시작될 때 무대 조명을 적절히 켜서 장면 전환을 보여주는 방법도 있다. 이렇게 장면 전환이 끝나면 암전으로 전환을 마감하고 다시 조명을 밝히면서 다음 장면으로 넘어가는 방법도 고려해볼 만하다.

39 Rosemary Clooney(1928~2002) 미국의 가수, 배우. 1950년대 이름을 날린 가수로 빙 크로스비(Bing Crosby, 1903~197)와 함께 활약했다.

40 George Clooney(1961~) 미국의 배우, 영화감독, 제작자.

41 Marshall Mason(1940~) 미국의 연출가, 교육자. 뉴욕에서 '서클 레퍼토리 극단'을 창단했다.

42 David Ives(1950~) 미국의 희곡작가, 시나리오 작가, 소설가. 1막짜리 짧은 희곡을 쓰는 작가로 이름이 났다.

43 Trigorin. 체홉의 희곡 〈갈매기〉의 주요 등장인물로 작가. 여주인공 아르까지나의 정부이나 시골처녀 니나의 마음을 사로잡아, 결국 니나를 짝사랑하는 뜨레플레예프를 자살하게 만든다.

44 Malvolio. 셰익스피어의 〈십이야〉에 등장하는 점잔 빼는 집사.

45 Margaret Thatche(1925~2013) '철의 여인'이라는 강한 이미지를 보인 영국 보수당 정치가. 1979년부터 1990년까지 영국 수상을 지내며 긴축재정으로 경제부흥을 가져왔다.

46 Maggie. 여자 이름 마거릿(Margaret)의 애칭.

47 John Gielgud(1904~2000) 거의 80년을 연기에 전념한 영국 배우. 랄프 리차드슨(Ralph Richardson, 1902~1983), 로렌스 올리비에(Laurence Olivier, 1907~1989)와 함께 20세기 영국 연극계에 종사하였다. 왕립연극학교(Royal Academy of Dramatic Art)에서 연기를 전공했고 셰익스피어의 작품에 출연하여 올드 빅(Old Vic, 런던에서 1818년에 세워진 연극전용 극장) 극장에서 이름을 날렸다.

48 Richard Boleslavski, 〈Acting: The First Six Lessions〉. 모스크바 예술극장에서 스타니슬랍스키에게 연기를 배우고 폴란드, 독일에서 연기, 연출활동을 하였다. 1923년 뉴욕에 정착하여 미국의 메소드(Method) 연기술의 씨앗을 뿌렸다. 위의 책은 1933년에 출간되었고 현재 아마존에서 다양한 버전을 발견할 수 있다.

색인

통쾌한 연출노트

초판 1쇄 발행 2021년 11월 15일
초판 3쇄 발행 2024년 11월 20일

지은이 프랭크 하우저, 러셀 라이히
옮긴이 김석만
펴낸이 박성복
펴낸곳 도서출판 연극과인간
주소 01047 서울특별시 강북구 노해로25길 61
등록 2000년 2월 7일 제6-0480호
전화 (02) 912-5000
팩스 (02) 900-5036
홈페이지 www.worin.net
전자우편 worinnet@hanmail.net

ISBN 978-89-5786-786-0 93680

값은 뒤표지에 있습니다.